Eduard Engel

Die Aussprache des Griechischen

Ein Schnitt in einen Schulzopf

Eduard Engel

Die Aussprache des Griechischen
Ein Schnitt in einen Schulzopf

ISBN/EAN: 9783744637800

Hergestellt in Europa, USA, Kanada, Australien, Japan

Cover: Foto ©Paul-Georg Meister /pixelio.de

Weitere Bücher finden Sie auf **www.hansebooks.com**

DIE AUSSPRACHE

DES

GRIECHISCHEN.

EIN SCHNITT IN EINEN SCHULZOPF.

VON

EDUARD ENGEL.

„Der Buchstabe tötet."

JENA,

HERMANN COSTENOBLE.

1887.

Ein Vorwort,

ein ganz kurzes, über die Schreibweise in diesem Buch.

Ich habe mich leiten lassen von der Meinung, es sei nicht durchaus erforderlich, über wissenschaftliche Fragen langweilig und schwer verständlich zu schreiben; selbst auf die Gefahr hin, dass mein Buch deshalb für „unwissenschaftlich" erklärt werden sollte. — Ich bin deshalb meiner Gewohnheit treu geblieben, keinen falschen Schein von Gelehrsamkeit durch den Gebrauch überflüssiger Fremdwörter zu erzeugen. Zu meiner Freude habe ich auch bei dieser Arbeit die Wahrnehmung gemacht, dass man für strengwissenschaftliche Fragen mit einem sehr bescheidenen Vorrat von Fremdwörtern auskommt.

Inhalt.

I.
Wozu diese Schrift?

Ich gehöre nicht zur Zunft der „klassischen Philologen":
d. h. ich beziehe weder vom Staat noch von einer Stadt ein
festes Gehalt dafür, dass ich kleinen oder grossen Jungen Unterricht im Lateinischen und Griechischen gebe. Da nun nach den
in deutschen Landen herrschenden Anschauungen eigentlich nur
die von einer Behörde patentirten und bezahlten Zünftler über
eine bestimmte Frage der Wissenschaft mitsprechen dürfen, so
lasse ich mich dazu herbei, einiges zur Entschuldigung meines
Böhhasentums beizubringen. Ob ich sachlich berechtigt war,
diese Schrift zu verfassen, ist eine Frage, welche der Leser im
Verlauf der Lektüre sich selber beantworten wird. Meine Ent-
schuldigung aber liegt in folgendem:

Zum Zweck einer Reise nach Griechenland lernte ich das,
was man Neugriechisch nennt, und machte dabei dieselbe Wahrnehmung, die jeder Fachmann bestätigt: dass das sogenannte
Neugriechische durchaus nicht jenes „barbarische Gemisch aus
sehr viel Slawisch, Albanesisch, Türkisch, Italienisch und einigem
verderbten Griechisch" sei, wofür es von unkundigen Leuten gehalten wird. Ich spreche nicht von dem erkünstelt altgriechischen
Neugriechisch der athenischen Zeitungen und Bücher, sondern von
der wirklich geredeten Sprache der höheren wie niederen Stände,
des Städters wie des Bauern. Dass dieses lebendige Griechisch
kein barbarisches Gemisch, keine levantinische Lingua franca ist,
dass es vielmehr Kerngriechisch ist, weiß jeder, der die Sprache

kennt. Da aber merkwürdigerweise die klassischen Philologen es
meist nicht der Mühe für wert halten, sich mit dem lebendigen
Griechisch zu beschäftigen, und hier nicht der Ort zu einer Vor-
lesung über das Wesen des Neugriechischen und über dessen
Verhältnis zum Altgriechischen ist, so verweise ich auf die kleine
Schrift von Ernst Curtius (in den „Nachrichten der Gesellschaft
der Wissenschaften zu Göttingen“, 1857, Nr. 22): „Das Neugriechische in seiner Bedeutung für das Altgriechische“. Dort
heißt es bei diesem ausgezeichneten Kenner beider Sprachstufen des Griechischen: „Mit Ausnahme einiger Grenz-
punkte des griechischen Sprachgebiets (wie z. B. der
Ionischen Inseln) spricht auch der geringste Grieche
reingriechisch.“ — Ich denke, das ist klar! Auch „der geringste Grieche“; nicht etwa bloß der durch die Schule klassisch
gedrillte.

Natürlich machte ich beim Erlernen des Neugriechischen
sofort auch eine andere, weniger erfreuliche Erfahrung. Ich fand,
dass mein auf hohen und höchsten Schulen erlerntes Griechisch
mir eine Aussprache übermittelt hatte, die von der lebendigen
des griechischen Volkes außerordentlich abwich. Das Erstaunlichste
hierbei war dieses. Die Abweichung beschränkte sich auf einige
ganz bestimmte Laute, während die Mehrzahl der Vokale wie
der Konsonanten in beiden Aussprachen völlig übereinklang. Da
ich aus bemeldeten Schulen den naiven Glauben mitgebracht,
unsere Schulaussprache beruhe ebenso wie die lebendige auf
irgend einer Überlieferung aus dem griechischen Altertum in
die Zeit der Wiedererweckung griechischer Studien im 15. Jahrhundert, so gerieten meine sprachphilosophischen Anschauungen
in nicht geringen Wirrwarr. Da hatte ich aus der Sprachver-
gleichung allerlei über Lautwandel gelernt, und musste nun
plötzlich erleben, dass folgendes Sprachwunder möglich wäre: eine
Sprache lässt ihre sämtlichen einfachen Vokale (α, ε, ι, o, ov)
durch alle Jahrtausende vollkommen unverändert, tastet auch
eine grosse Zahl wichtiger Konsonanten (γ, δ, ϑ, $\varkappa$, λ, μ, ν, ξ, π, ϱ,
σ, τ, φ, χ, ψ) so gut wie gar nicht in ihrem Lautwert an; dagegen
wütet sie erbarmungslos gegen sämtliche Diphthongen und einige
bestimmte Konsonanten!

Dies schien mir zwar nicht gänzlich außer dem Bereich der

Möglichkeit, aber durchaus jenseits der erfahrungsmäßigen Wahrscheinlichkeit zu liegen.

Ich getröstete mich des Glaubens: eine Aussprache des Griechischen, die jährlich durch mehrere Tausende deutscher Philologen mehreren Hunderttausenden deutscher Gymnasiasten gelehrt wird, muss irgend eine wissenschaftliche, mindestens eine geschichtliche Begründung haben; und ich verschob das Studium dieser zweifellos deutschgründlichen Begründung bis nach meiner Rückkehr aus Griechenland.

Ich brachte von dort manches mit, was mir das Studium der Frage der Aussprache erleichtern mochte: eine leidliche Kenntnis des gesprochenen Neugriechischen, eine Auffrischung meines Altgriechischen und besonders ein durchs Ohr gewonnenes Urteil über den Klang des Neugriechischen. Im Monat Mai begab ich mich an die Arbeit, — im November schloss ich sie ab. Ich habe in den mehr als fünf Monaten das Wichtigste der einschlagenden Litteratur gelesen, — eine sehr langweilige Arbeit, da auf je fünf Werke im Durschschnitt nur ein origineller Gedanke kam; aber sie musste gemacht werden.

Mit fieberhafter Spannung forschte ich in den seit dem Jahre 1528 über die Frage erschienenen Werken nach der geschichtlichen Begründung der jetzigen deutschen Schulaussprache. Wo hatte ich je gehört, dass man die Aussprache einer fremden Zunge nach Gutdünken, nach scherzender Willkür erfinden könnte? Das mochte beim *Volapük* angehen, oder beim ausgestorbenen Aztekischen; aber bei einer Sprache, deren sprechendähnliche Tochter so lebendig ist, wie das Neugriechische?!

Das konnte nicht sein! Deutsche Wissenschaft konnte sich nicht so greulich blamiren. In dem 350jährigen Streit um die Aussprache des Griechischen mussten für die Berechtigung der deutschen Gymnasialaussprache irgendwelche wissenschaftliche Beweise geliefert worden sein. Lass dir nicht die lächerliche Anmaßung zu Kopfe steigen, sagte ich mir im lieben Gemüte, dass es dir vorbehalten geblieben, in einer Frage mitzureden, in der seit den Tagen des großen Erasmus, durch 16tes, 17tes, 18tes Jahrhundert und bis an die Neige des 19ten, die meisten Philologen griechischer Sprache ihre Stellung für oder wider genommen haben. Und mag auch in früheren Jahrhunderten

wegen Mangels der sprachwissenschaftlichen Erkenntnis die Frage
roh angefasst und stümperhaft beantwortet worden sein, —
in unserer Zeit, da die Philologie alle Hilfsmittel der Sprach-
vergleichung und der Inschriftenkunde besitzt und demzufolge
alle 5—10 Jahre einen neuen „höchsten Gipfel" erklettert, da
musste doch wohl diese vergleichsweise sehr untergeordnete
Frage endlich ihre befriedigende Lösung finden. Nimm dir nur
die Schriften neuester Zeit vor: durch sie wirst du an den Quell
wahrer Erkenntnis gelangen.

Ich hab's getan, und damit habe ich das Studium abgeschlossen. Hier ein Ergebnis dieser fünfmonatlichen Arbeit:
niemals wieder! Ich will kein allgemeines Verdammungsurteil
über die klassische Philologie aussprechen; aber das muss ich
auf Grund meiner Erfahrung auf einem ihrer Gebiete so milde
wie möglich sagen: es scheint nicht, als ob die einseitige Beschäftigung mit klassischer Philologie einen Schutz gewähre
gegen den gänzlichen Mangel an wissenschaftlichem Sinn, an einfacher Folgerichtigkeit des Denkens. Mir graut, wenn ich an die
Opfer des Verstandes mich erinnere, die mir beim Lesen der betreffenden Litteratur zugemutet worden. Mir graut vor ihrer
Darstellung und Widerlegung, wie einem Gesunden graut, der
sich lange unter Geisteskranken aufhalten muss. — Nein, niemals
wieder eine ähnliche Arbeit!

Da der Vergleich hart klingen mag, so sei mir ein Beispiel,
zum Vorgeschmack, gestattet. Der letzte deutsche Philologe, der
über die Frage der griechischen Aussprache im Zusammenhang
geschrieben, ist ein gewisser Friedrich Blass. Wohin ich in
der Philologenwelt gehorcht, überall wurde mir die Antwort:
lesen Sie nur die Schrift von Blass: „Ueber die Aussprache des
Griechischen" (Berlin, Weidmann); darin finden Sie die letzten
Ergebnisse der Wissenschaft; der hat die Frage endgiltig beantwortet. — Ich las die Schrift; ich las sie dreimal, und traute
meinen Augen nicht. Ich wälze der deutschen Philologie diesen
Blass nicht aufs Gewissen; nur hoffe ich zu ihr, dass sie keinen
zweiten so unwissenschaftlichen Vertreter besitze.

Was hat dieser „endgiltige Beantworter" der Frage getan?
— Man vergegenwärtige sich: es handelt sich darum zu wissen,
welches der „ursprüngliche" Lautwert der griechischen

Schriftzeichen gewesen sein mag? Eine ungeheuer schwierige, mit Sicherheit nie zu lösende Aufgabe. Aber Herrn Blass ist sie ein Kinderspiel. An der Hauptstelle seines Buches schreibt er: „Aber um der Sache tiefer auf den Grund zu gehen und auf die wissenschaftliche Erörterung mich einzulassen, — — das in der Tat aufzustellende Prinzip *) ist dies: die griechischen Zeichen sind nach ihrem ursprünglichen und vollen Werte auszusprechen." — Nun kennen wir diesen „ursprünglichen und vollen Wert" der griechischen Zeichen: er ist — der „ursprüngliche und volle Wert"! Wahrlich, manchem Philologen wäre wohler, er hätte anstatt Philologie lieber Philologik studirt.

Eine andere Wahrnehmung beim Studium der betreffenden Litteratur war die der erschreckenden Unwissenheit im Neugriechischen bei den meisten derer, die für die deutsche Gymnasialaussprache des Altgriechischen gegen die neugriechische Aussprache aufgetreten sind. Ist es schon betrübend und zeugt es von geringem sprachwissenschaftlichen Streben, dass unsere klassischen Philologen vom Griechischen nur die eine, die älteste Stufe kennen; so wird diese Unkenntnis zu einem Vergehen in der Wissenschaft, wenn ein Philologe über die Aussprache eines Idioms schreibt, die er ebenso wenig genau kennt, wie das Idiom selbst, — die er, in den allermeisten Fällen, niemals aus dem Munde eines lebenden Griechen gehört hat.

Wie gefährlich solche Unkenntnis des Neugriechischen werden kann, dafür ein Beispiel aus Georg Curtius' „Erläuterungen zu meiner griechischen Schulgrammatik" (3. Auflage. Prag 1875). Um zu beweisen, dass im Altgriechischen des 4. und 5. Jahrhunderts v. Chr. $\alpha\iota$ wie deutsches *ai* klang, schreibt er (S. 22): „Dass das α von $\alpha\iota$ im Munde der Attiker noch forttönte, wird namentlich durch Krasen wie $\varkappa\dot{\alpha}\gamma\dot{\omega}$ aus $\varkappa\alpha\dot{\iota}$ $\dot{\varepsilon}\gamma\dot{\omega}$ bewiesen."

Bewiesen? — Curtius will sagen: eine Form *kago* kann nur entstehen, wenn *kai ego* gesprochen wurde, nimmermehr aus dem *kä ego* der Neugriechen; α könne nicht aus zwei dem α so wenig verwandten Lauten wie *ä* und *e* entstehen. Hätte Georg

---

*) Wir verlangen die Erklärung eines Rätsels, — und Herr Blass stellt ein Prinzip auf.

Curtius neben seinem vielen Altgriechisch ein wenig Neugriechisch gewusst, oder hätte er seinen Bruder Ernst Curtius befragt, so hätte er erfahren: im Neugriechischen entsteht aus καὶ ἐγώ die Krasis κιεγώ! Ist die Entstehung von *kiego* aus *kä ego* möglich, so darf wohl auch die von *kago* aus *kä ego* nicht groß Wunder nehmen, — vorausgesetzt, dass in der Krasis κάγώ das *ä* wirklich wie reines *a* ausgesprochen wurde, was Curtius ohne genügenden Grund für selbstverständlich hält.

Überhaupt diese entsetzliche Selbstverständlichkeit! Immer da, wo die wissenschaftlichen Gründe ausbleiben, stellt sie sich in dem Streit um die griechische Aussprache ein. Will einer dieser unwissenschaftlichen Philologen, im 16. wie im 19. Jahrhundert, beweisen, dass z. B. *αι* wie *ai* gesprochen wurde, so ist der Anfang und das Ende seiner Beweisführung: dass α und ι zusammen wie *ai* klang, das ist doch selbstverständlich. Im 16. und 17. Jahrhundert hieß es in den Scharteken von Erasmus, Chekius, Metkerchius, Ceratinus, Beza, Henricus Stephanus u. s. w.: *αι non dubium est quin Latinorum* ai *respondeat*).* — *Luce clarius est.* — *Nemo est qui dubitet,* — *Extra controversiam est.* Diese so höchst wissenschaftlichen Redensarten lauten bei den neuesten Forschern: „einfache und natürliche Regel" (Blass), — „es ist durchaus zu vermuten" (Curtius).

Unzunftmäßig, wie ich bin, gestehe ich, dass ich bei einer wissenschaftlichen Untersuchung die Kategorie der Selbstverständlichkeit für gefährlich und entbehrlich halte. Ich weiß, dass ich mir durch diesen Grundsatz meine Arbeit erschwere; indessen: wem es auf die Erforschung der Wahrheit, oder wenigstens auf die Annäherung an sie ankommt, der muss ehrlich verfahren. Von „Selbstverständlichkeit" zu reden, ist unehrlich in einer Frage, in der gar nichts feststeht, in der das Auge das Ohr betrügt, weil Schrift und Ton zweierlei sind.

Durch Verjährung können wissenschaftliche Irrtümer nicht zu Wahrheiten werden. Auch nicht durch vermeintliche Rücksichten der Schulpraxis. Es mag beschwerlich sein, umzulernen; aber so gut wie man nach der Erfindung der „altgriechischen"

---

*) Kein Mensch weiß genau zu sagen, wie lateinisches *ai* gesprochen worden.

Aussprache durch Erasmus auf allen Schulen Europas um-
gelernt hat, wird man sich auch jetzt zum Umlernen bequemen
müssen, falls man sich überzeugt, dass des Erasmus Erfindung —
eine Erfindung gewesen. Wer deutschen Lehrern das Erlernen
einer besseren Rechtschreibung der Muttersprache zumutet, der
darf mit Fug auch das Erlernen einer besserem Aussprache des
Griechischen verlangen.

Einem Einwand muss ich gleich an der Schwelle entgegentreten; sonst könnte ich mir die ganze Mühe der Abfassung
dieses Buches erspart haben. — Von Philologen und Nichtphilo-
logen kann man bei der Berührung dieser Streitfrage die Meinung
hören: was liegt denn daran, ob das Altgriechische so
oder so ausgesprochen wird? Selbst Schulmänner verhalten
sich in Sachen der Aussprache sehr kühl und schließen sich, meist
aus Bequemlichkeit, dem überkommenen, d. h. erst seit 350
Jahren überkommenen, Gebrauch an. Sie gehen dabei von dem
nicht ganz unwahren Gesichtspunkt aus: „Das Griechische,
welches wir lehren; die Art, wie wir es lehren; der Zweck, um
dessen willen wir es lehren, — mit dem wirklichen Leben, mit
der geistigen Bildung hat das alles nichts zu tun. Schulgriechisch
ist Totengriechisch, und mit Ausnahme der jährlich zu züchtenden
Zahl von Gymnasiallehrern bleibt es für alle der Schule Ent-
ronnenen tot und wird noch schneller vergessen, als erlernt.
Solchermaßen ist es ganz gleichgiltig, ob wir das Griechische des
Homer, des Sophokles, des Platon so aussprechen lehren, als sei
es Neuhochdeutsch; oder ob wir uns Mühe geben, ihm den Klang
eines lebenden, unzweifelhaft griechischen Idioms zu verleihen."
Und genau so, wie die deutschen Philogen, räsonniren die
französischen, die englischen, die russischen etc. Schulmänner; und
richtig wird von der halben Million europäischer Knaben, auf
die man ja wohl die zum Griechischlernen verurteilte Jugend
schätzen darf, je nach den betreffenden Ländern Griechisch in
neuhochdeutscher, französischer, englischer, russischer Aussprache
erlernt und — wieder vergessen.

Das Schicksal des Griechischen auf den Schulen scheint denn
auch besiegelt zu sein. Man hat eine Sprache, die noch heute
von etwa 6 Millionen Menschen geredet wird, mit aller Gewalt
zu einer toten gemacht: was Wunder, dass die tote Sprache

nicht länger leben kann? Man beseitige den Staatszwang, vermöge dessen zum Betreten gewisser Laufbahnen ein Examen im Griechischen erforderlich ist, — und man stelle sich vor, wie viele Knaben dann noch Griechisch lernen würden!

Vom Standpunkt der Sprachwissenschaft ist natürlich nichts gleichgiltig, was sich auf einen so wichtigen Teil wie die Aussprache bezieht. Eine Schule, die sich ihrer „wissenschaftlichen Lehrer" rühmt, dürfte wenigstens mit gutem Gewissen nichts lehren, was nachweislich und eingestandenermaßen unwissenschaftlich, was falsch ist. Auch nicht bei einer toten Sprache. Das fordert die Wahrhaftigkeit, ohne welche alle wissenschaftliche Erziehung ein Gaukelspiel ist.

Die Schule tut es auch sonst nicht bei ihrem sprachlichen Unterricht. Dass sie die lebenden Sprachen mit der lebenden, nicht mit einer erfundenen Aussprache lehrt, betrachtet jeder für selbstverständlich. Aber auch beim Lateinischen und Hebräischen lehrt sie eine Aussprache, die sich überwiegend auf die lebendige Überlieferung stützt. Mit verschwindenden Ausnahmen wird das Latein an deutschen Schulen so gelehrt, wie es uns durch seine Aussprache in Italien und durch die Aussprache des Italienischen überliefert ist. Das Hebräische wird gelehrt, wie es die sogenannten „portugiesischen Juden" wirklich sprechen.

Nur beim Griechischen macht die Schule eine Ausnahme, und gerade beim Griechischen wäre das Vorhandensein einer lebendigen griechischen Sprache eine Mahnung: den Unterricht in engere Beziehung zum Leben zu setzen. Selbst wenn die Wagschalen für oder wider die Aussprache des Griechischen nach griechischer oder nach neuhochdeutscher Art zu wissenschaftlichen oder allgemeinen Bildungszwecken ganz gleich schwebten, — die Erwägung und Erfahrung, dass mancher der Schüler später im Leben das Griechische zu sehr lebendigem Gebrauch verwenden möchte, die müssen auch für die Schule den Ausschlag geben: die Frage nach der richtigsten Aussprache nicht mit der Unparteilichkeit der dem Leben abgewendeten Schulmeisterei abzutun und dennoch solche heuchlerische Schönrednerei zu treiben wie die vom *Non scholae, sed vitae discimus.*

Nein, es ist nicht mehr so gleichgiltig wie vor 350, ja wie vor 25 Jahren, welche Aussprache des Griechischen die Schule

lehrt, die deutsche oder die griechische. Von Jahr zu Jahr wächst
mit der zunehmenden Leichtigkeit des Verkehrs auch die Zahl
der Deutschen, welche zu Zwecken des Studiums oder zum Ab-
schluss ihrer höheren Bildung Reisen nach Griechenland oder
nach dem halbgriechischen Orient unternehmen. Ich übertreibe
nicht, wenn ich die Zahl der jetzt alljährlich in die Levante
reisenden Deutschen wenigstens auf Hunderte beziffere. Sobald
das noch fehlende Stückchen der Eisenbahnen Nisch-Adrianopel
und Volo-Saloniki fertig ist, wird die Zahl in die Tausende steigen.
Kein geringer Bruchteil wird aus deutschen Gymnasiallehrern bestehen, die alsdann ihre unbegründeten Meinungen über das
„barbarische Gemisch" und die „abscheuliche Aussprache" des
Neugriechischen lebhaft bedauern werden. Ich habe einige Vor-
läufer dieser Pilgerschar einer nahen Zukunft in hellenischen
Landen angetroffen! Sechs bis sieben Gymnasialjahre und dazu
mehrere Universitätsjahre hat solch ein begeisterter Verehrer Altgriechenlands auf das Studium der Sprache verwendet, und beim
ersten Schritt in dem Lande, wo sie noch heute gesprochen wird,
ist er so hilflos, wenn nicht hilfloser, als der ungebildetste
Matrose des Dampfers, auf dem er hingefahren. Keiner von
diesen Reisenden, der nicht seine für so „schön", so „wohl-
lautend" ausgegebene Gymnasialaussprache zum Kuckuck oder zum
κόραξ gewünscht hätte: denn nur der Verschiedenheit der Aussprache hatte er es zu danken, dass er wie ein Taubstummer,
unverstanden und nicht verstehend, durch das schöne Land mit
den klugen Menschen einhertrottelte. Zum Umlernen vor der
Reise haben sie sich fälschlich für zu alt gehalten, und so müssen
sie das schmerzliche Gefühl ertragen, in dem einzigen Lande, wo
ihr sauererworbenes Griechisch ihnen praktisch nützen und be-
rauschende geistige Freude bereiten könnte, genau so zu reisen,
wie einer der durch Griechenland sich hindurch gestikulirenden
böhmischen Konzertsänger.

Die Zeit ist längst vorüber, da eine schöpferische Tätigkeit
in klassischer Philologie und Archäologie möglich war im heimischen
Bibliothekenstaub oder auf Grund von Facsimile und Bilderbuch.
Höher und höher wächst die Zahl der deutschen Altertumforscher,
welche die Kunde vom Leben Altgriechenlands in Jung-
griechenland zu vertiefen und erweitern trachten. Dazu unter-

hält das Deutsche Reich mit nicht unbeträchtlichen Mitteln das Archäologische Institut in Athen.

Dass bei dem wachsenden Anteil Deutschlands am Levante-handel die Kenntnis des Griechischen auch auf anderen Gebieten als denen der Wissenschaft von Wichtigkeit werden muss. das nur nebenbei.

Aber noch durch einen besonderen Umstand rückt die Not-wendigkeit der Einführung einer lebendigen Aussprache des Griechischen auch der Schule näher. Die deutsche Reichsregirung geht bekanntlich mit dem Plan der Errichtung einer Orienta-lischen Akademie in Berlin um. Neugriechisch wird zu deren Unterrichtsgegenständen gehören, denn es handelt sich vorzugs-weise um eine sprachliche Vorbildung für den deutschen Kon-sulardienst in den Ländern des Ostens. Es ist vorauszusehen, dass diese Akademie in sprachlichen Dingen sehr bald höchste Autorität, dass die an ihr gelehrte Aussprache maßgebend werden muss. Die Zöglinge dieser Akademie werden ehemalige Schüler deutscher Gymnasien sein, und diese werden im Griechischen vollkommen umlernen müssen. Wird sich alsdann die Gymnasial-aussprache des Griechischen noch halten können? Ich bezweifle es. Sie beruht jetzt auf nichts besserem als auf einem Schlendrian, den die Staatsbehörden dulden; sie verschwindet sofort, wenn diese Behörden ein Machtwort sprechen. Mit ihr werden auch die immer wieder unternommenen misglückten Versuche verschwinden, scheinwissenschaftlich dasjenige zu rechtfertigen, was nur noch durch das Gesetz der Trägheit besteht. Ist die neuhochdeutsche Aussprache des Griechischen nur erst zehn Jahre amtlich beseitigt, dann werden die Philologen auch bald die Überzeugung ge-winnen, dass sie nie eine Berechtigung gehabt hat. Das Einmal-vorhandensein ist einer der stärksten „Beweise" für die jetzige Aussprache, wie für so viele andere, noch verwerflichere Dinge unseres höheren Schulwesens.

II.
Die Erfindung der jetzigen Schulaussprache.

Stellen wir die Frage, zu deren Beantwortung diese Schrift dienen soll, recht deutlich hin. Es soll untersucht werden, nicht etwa: wie haben die Griechen, oder die Attiker im sogenannten klassischen Zeitalter (5—4. Jahrhundert v. Chr.) gesprochen? — sondern: welche Wahrscheinlichkeit ist größer: dass sie ähnlich wie die Neugriechen, oder dass sie ähnlich wie die deutschen Gymnasiallehrer gesprochen haben?

Auf den ersten Blick würde ein unbefangener Laie gewiss antworten: ähnlich wie die Neugriechen. Ich will mir die Sache aber nicht so leicht machen, sondern will — als Problema, so zu sagen — einmal die Möglichkeit zulassen, dass ganz besonders glückliche Umstände gerade die deutschen Gymnasiallehrer in den Stand setzen, deutlichere Kunde von der Aussprache der alten Griechen zu besitzen, als sonst wer.

Ganz undenkbar wäre das nicht. Das Beispiel der hebräischen Aussprache auf deutschen Gymnasien zeigt eine starke Abweichung von der Aussprache des Hebräischen bei den deutschen Juden, eine fast so große, wie die des Schulgriechischen vom Neugriechischen. Dennoch können die deutschen Lehrer des Hebräischen für ihre Aussprache anführen, dass sie die lebendige Überlieferung eines Teils des jüdischen Volkes, nämlich die der portugiesischen Juden für sich haben.

Könnten sich die deutschen Philologen bezüglich des Griechischen auf irgendetwas Ähnliches berufen, so wäre ihr Recht unantastbar. In Fragen der Aussprache giebt es keinen höheren Richter, ja kaum einen andern, als das Ohr. Niemand kann künstlich berechnen, wie wohl französisches *eau* gesprochen werden muss. — Handelt es sich aber gar um die Aussprache eines Idioms, welches durch das Ohr lebender Zeugen nicht mehr vernommen werden kann, so müssen wir uns an das Gedächtnis der Ohren der Lebenden halten, d. h. an die Überlieferung.

Das geschieht für alle Sprachen früherer Zeiten, mit alleiniger Ausnahme des Griechischen. Es gibt keine Überlieferung für die deutsche Schulaussprache des Griechischen. Man weiß aufs Jahr genau anzugeben, wann sie entstanden ist. „Entstanden" ist noch viel zu gut, denn das klingt nach organischem Werden; „erfunden" muss es historisch richtig heißen.

Von wem und wann ist die deutsche Schulaussprache des Altgriechischen erfunden worden? — Von Desiderius Erasmus, genannt „von Rotterdam". Beschrieben hat er die Erfindung in seinem Buch: „*De recta latini graecique sermonis pronunciatione dialogus*", und des Erfinders Widmung an den *generosissimus adolescens Maximilianus a Burgundia* trägt die Unterschrift: „*Datum Basileae. Anno a Christo nato MDXXVIII.*"

Welche Aussprache des Griechischen hatte in Europa geherrscht, bis zur Erfindung des Erasmus? Die griechische, in allen Ländern Europas die gleiche, von den Neugriechen erlernte. Als nach der Eroberung Konstantinopels gelehrte Griechen in die Länder Westeuropas flohen und dort in der Sprache ihrer Vorfahren unterrichteten, da zweifelten die Lernenden gar nicht daran, dass die Aussprache jener Neugriechen irgend eine historische Berechtigung hatte. Reuchlin, der größte deutsche Philologe der Renaissancezeit, hat das Griechische mit der neugriechischen Aussprache gelernt und gelehrt, und nach ihm heißen alle, die ebenso verfahren —: Reuchlinianer. Die neugriechische Aussprache, obwohl durch Reuchlin nicht erfunden, heisst kurioser Weise die Reuchlinische, im Gegensatz zu der erfundenen Erasmischen.

Reuchlin hat nicht etwa eine besondere Schrift über griechische Aussprache verfasst; wir wissen nur aus seinen Briefen, dass er der Aussprache der Neugriechen folgte. Er hat sich schwerlich jemals ernste Bedenken über die Aussprache des Griechischen gemacht, sondern hat sich allenfalls gesagt: Wie die alten Hellenen in Wahrheit ausgesprochen haben, das wird dem Ohr der Nachgebornen, zumal der Deutschen, jezt nach 2000 Jahren für immer unerforschbar sein; so bleibt mir denn nichts andres übrig, als der Aussprache der Nachkommen der Hellenen zu folgen. — Man hatte damals das richtige Gefühl: jede historische Wissenschaft, auch die der Sprachen, ist die Lehre von dem, was ist oder war; nicht von dem, was sein sollte. So gut wie man damals — merkwürdigerweise auch heute noch — die griechische Geschichte so lehrte, wie sie wirklich geschehen, nicht wie sie zur Erbauung oder Abschreckung der Schüler besser hätte geschehen sollen, — so lehrte man auch das Griechische so, wie man es wirklich sprechen hörte und einst gesprochen glaubte; nicht, wie man wünschte dass es von den alten Griechen gesprochen worden wäre, damit es unseren Ohren wohlklingender tönte.

In Luthers Bibelübersetzung ist von des Erasmus Erfindung einer eigenen griechischen Aussprache noch nichts zu spüren. Luther hat das Griechische griechisch ausgesprochen.

Desgleichen hat Erasmus von Rotterdam sein Lebenlang Reuchlinisch, nicht Erasmisch gesprochen! Auch seine Studenten in Löwen hat er die Reuchlinische Aussprache gelehrt; ja er hat sich von seinem griechischen Freunde Láskaris einen griechischen Lehrer ausgebeten, damit seine eigenen Kinder die richtige Aussprache mit Ohren und Munde erlernten. In einem seiner albernen „Colloquia“, einem Zwiegespräch zwischen *Juvenis* und *Echo*, finden sich folgende Echoreime: *eruditionis*, ὄνοις; — *episcopi*, κόποι; — *ariolari*, λάροι; — *Astrologi*, λόγοι; — *Grammatici* (gesprochen -iki) — εἰκῆ; *famelici*, λέκοι.

Der oben bemeldete *De recta etc. dialogus* verdankt nach einer gutverbürgten Überlieferung folgender Narrenposse seine Entstehung. Dem auf sein Latein und Griechisch kindisch eiteln Erasmus, der sich berühmt hatte, selbst in der Betrunkenheit

besser griechisch zu schreiben als der heilige Chrysostomus*),
der in obigem *Dialogus* sich selbst „den liebenswürdigen Fürsten
der Wissenschaft" nennt, dem passirte folgende Menschlichkeit.
Ein zu lustigen Schelmereien aufgelegter Besucher aus Paris er-
zählte ihm die Wundermär: er hätte Griechen, sehr gelehrte
Leute, kennen gelernt, welche ganz anders sprächen, als bis dahin alle Welt das Griechische ausgesprochen hätte. Und nun
machte er dem Erasmus vor, wie jene merkwürdigen Griechen
gesprochen: aufs Haar so, wie wenn Griechisch —
Holländisch wäre!

Ob Erasmus diesem lustigen Pariser Narrenstreich vollen
oder nur halben Glauben geschenkt, — jedenfalls wollte er ihn
seiner Eitelkeit nutzbar machen. Nicht an der Erforschung der
wissenschaftlichen Wahrheit war ihm gelegen; denn sonst brauchte
er ja bloß einen jener so abweichend sprechenden Griechen nach
Löwen zu berufen. Nein, er wollte vor der Gelehrtenwelt als
der Entdecker dieser nagelneuen Weisheit glänzen, falls sie sich
als begründet herausstellte. Doch wollte er auch klüglich jeden
Spott und Schaden von seiner gelehrten Reputation abwenden,
falls sich jene „Entdeckung" als Scherz und Narreteiding Männiglich
kundtäte.**)

---

*) Des Erasmus Übersetzung der Homilien des Chrysostomus
wimmelt von groben Fehlern.

**) Der alte Johann Wetsten erzählt den tragikomischen
Entstehungsschwindel der heutigen Schulaussprache des Griechischen in seinen *Orationibus apologeticis pro Graeca et genuina linguae
Graecae pronunciatione* (vgl. die *Sylloge* von Haverkamp, Leyden 1736,
in der Vorrede zu der vortrefflichen Abhandlung von Erasmus
Schmidt). Dort heisst es: „*Intus vero et in cute si eam (pronunciationem
Erasmicam) contemplemur, nova est et fraude memorabili in orbem
introducta. — — Nunquam eo devenisset vir prudentissimus* (Erasmus),
*nisi amicorum insidiis circumventus aliquid humani passus fuisset. Rem, uti
gesta est, a Cl. Vossio accipite. Is eam ex relatione Henrici Coracopetraei*
(Vossius bemerkt in einer Note, dass er diese *relatio* von der
eigenen Hand des Coracopetraeus noch besitze) *his refert verbis:
„Audivi M. Rutgerum Reschium, professorem linguae Graecae in collegio
Bussidiano apud Lovanienses, narrantem se habitasse in Liliensi paedagogeo
una cum Erasmo, eo superius se inferius cubiculum obtinente. Henricum autem
Glareanum Parisiis Lovanium venisse atque ab Erasmo in collegium vocatum
fuisse ad prandium. Quo cum venisset, quid novi adferret interrogatum.*

Solchermaßen und als der richtige Dummptiffikus, der er war, setzte sich Erasmus hin und verfertigte jenen höchst absonderlichen *Dialogus* vom Jahre 1528. Die meisten Streiter im Kampf um die griechische Aussprache haben diese Schrift garnicht gelesen, und ich beneide sie um diese bequeme Unwissenheit. In der ganzen dicken *Sylloge* des Havercampius nämlich ist gerade des Erasmus *Dialogus* das tödlich Langweiligste, ein saft- und kraftloser Wälzer in trivialem Latein, — ein Zwiegespräch zwischen einem Bären und einem Löwen, die sich wie zwei holländische Pedanten des 16. Jahrhunderts darüber unterhalten, wie man gut täte die alten Sprachen von sich zu geben.

Vom Latein ist darin nur nebenbei die Rede; auf die Anbringung jener echt parisischen Blague über die griechische Aussprache kam es dem Erasmus an. Sorgfältig hält sich darin der ja auch sonst genugsam als mantelträgerischer Ängstling bekannte Rotterdamer alle möglichen Hintertürchen offen für den schlimmsten Fall, also dass er sagen könnte: ich hab' mir nur einen Scherz mit euch machen wollen, ihr hochgelahrten Mitpedanten und wohlweisen Perrüken.

Eine feste, mit ernsten Gründen belegte Vorschrift gibt Erasmus in jenem albernen Wischiwaschi nicht; er fürchtete zu sehr, sich zu blamiren. Aber als Vermutung — „Konjekturen" nennen die Philologen solche Vorwitzigkeiten — legt er dem Bären in den Mund jenen Scherz, den er von dem Pariser

---

dixisse (quod in itinere commentus erat, quod sciret Erasmum plus satis rerum novarum studiosum, ac mire credulum), quosdam in Graecia natos Lutetiam venisse, viros ad miraculum doctos; qui longe aliam Graeci sermonis pronunciationem usurparent, quam quae vulgo in hisce partibus recepta esset. Eos nempe sonare: pro B Beta; pro H Eta; pro αι ai; pro οι oi, — et sic in caeteris. Quo audito Erasmum paulo post conscripsisse dialogum de recta Latini Graecique sermonis pronunciatione, ut rideretur hujus rei ipse inventor, et obtulisse Petro Alostensi typographo imprimendum. Qui cum forte aliis occupatus renueret, — — misisse libellum Basileam ad Frobenium, a quo mox impressus in lucem prodiit. Verum Erasmum cognita fraude, nunquam ea pronunciandi ratione postea usum, nec amicis quibuscum familiariter vivebat, ut eam observarent, praecepisse. In ejus rei fidem exhibuit M. Rutgerus ipsius Erasmi manuscriptam, in gratiam Damiani a Goes Hispani, pronunciationis formulam, in nullo diversam ab ea qua passim docti et indocti in hac lingua utuntur." — —

Spaßvogel — offenbar einem Nachkommen Panurgs im Rabelais — einst im *Collegium Liliense* vernommen, und wartete die Wirkung ab. Bestätigte sich „seine Vermutung", so konnte er hintreten: „Habe ich, der große Erasmus, der *Phoenix litterarum*, der *amabilis scientiae princeps*, es nicht gleich geahnt?!" —

Der Bär also äußerte zum Löwen die Vermutung, die alten Griechen möchten wohl — — die holländische Aussprache, hier und da mit Anklängen aus Französische, besessen haben. — und wie ein Wildfeuer griff dieser Blödsinn um sich. Der große Erasmus hatte ihn verkündet; zwar nur im Scherz, aber verdienten nicht selbst die Scherze eines solchen Lichtes der Philologie Beachtung und Nachahmung? Man lese in des Havercampius *Sylloge* die Flut von Schriften, welche jenem *Dialogus* zustimmend folgten! Ein Einziger wagte, sich dem Veitstanz zu entziehen, ihn wo möglich zu heilen: Bischof Stephan Winton, Kanzler der Universität Cambridge. Leider war dieser würdige Prälat ein dürftiger Sprachkenner und gar schwächlicher Dialektiker; so musste er bald ruhmlos dem Kampf ausweichen.

So, und nicht anders ist die Erfindung der Erasmischen Aussprache vor sich gegangen! — Die deutschen Philologen, deren zweites Wort: „Wissenschaftlichkeit", deren drittes: „historische Methode", können stolz auf die Geschichte ihrer Aussprache des Griechischen sein!

Die Sache klingt wie eine Narrenposse, und mit dem Namen habe ich sie denn auch belegt. Sie hat vor den meisten geschichtlichen Anekdoten den Vorteil, wahr zu sein: das Aktenstück, eben jenen *Dialogus* des Erasmus, wird jeder Philologe sich leicht verschaffen können.

Wer sich über diese unglaubliche Posse gar zu sehr verwundern sollte, den erinnere ich an zweierlei. Der *Dialogus* ist erschienen zu einer Zeit, wo, trotz größter Gelehrsamkeit, kaum eine Ahnung vom inneren Wesen einer Sprache oder gar vom wahren Verhältnis der Sprachen zu einander in der Philologenwelt bestand. Es war das um dieselbe Zeit, da mit sehr großem Aufwande von Gelehrsamkeit — mit größerem, als Erasmus für seine Fälschung der Wahrheit aufgeboten, — der Beweis geführt wurde: Adam und Eva müssten im Paradiese vor dem Apfelbiss

Holländisch (oder auch Baskisch, Bretonisch u. s. f.), nach dem Sündenfalle aber Französisch gesprochen haben.

Ein zweites Seitenstück zu jenem philologischen Veitstanz des 16. Jahrhunderts wird seit einigen Jahren im aufgeklärten England und Nordamerika aufgeführt; ich meine die famose Erfindung: Baco von Verulam war der Verfasser von William Shakespeares Dramen. Tausende von angelsächsischen Narren und ein Halbdutzend deutscher*) sind dieser neuen Erfindung schon völlig gewonnen. In Amerika und England erscheinen in angesehenen Zeitschriften lange Artikel zu Gunsten der Verfasserschaft des Baco; dicke Bücher sind darüber gedruckt, — und wer bürgt dafür, dass nicht auch dieser Blödsinn die Gunst der Philologen erobert? Ich stehe für nichts. Auf gewisse Zeiträume — sie können über mehrere Jahrhunderte reichen — siegt in der Regel der Unsinn über den gesunden Menschenverstand.

Gemäß den Lehren des *Ursus* beim Erasmus sollte man also die Vokale und Diphthongen im Griechischen holländisch sprechen, demnach *ov* nicht wie *u*, sondern wie holländisches *ou*, also ähnlich dem deutschen *au*; — *ev* wie holländisches *ui*, also wie deutsches *eu*; — nur für *oi* empfahl der Bär es den Galliern gleich zu tun, also etwa $\widehat{oa}$ zu sprechen.

Doch ich setze besser die betreffende Stelle aus dem *Dialogus*, die wichtigste des ganzen Schmökers, in ihrer erschütternden Naivetät her; mögen auch viele Leser schamrot darüber werden.

Der Bär kommt auf die Aussprache des *ov* zu reden, und der Löwe fragt (*Sylloge*, II. Teil, S. 89):

„*Quo sono credis (!) haec veteres extulisse?*

Ursus: Referam quod in senatu Grammaticorum audivi (nämlich von dem Pariser Blagueur).

Leo: Sat erit. (O, Löwe!)

Ursus: Conjecturam faciebant (!) ex linguis popularibus (aus allen, nur nicht aus der griechischen!), *in quibus utrunque corruptis resident antiquae pronunciationis vestigia; oi diph-*

---

*) An ihrer Spitze steht ein gewisser Otfried Mylius.

thongus Gallis quibusdam (!) est familiarissima, quum vulgari more dicunt: mihi, tibi, sibi (moi, toi, soi); aut quum pronunciant jidem, legem ac regem (joi, loi, roi). Hic enim audis *evidenter utramque vocalem o et i* (scheint Druckfehler für *a* zu sein, obgleich ich den Erasmus zu jeder Dummheit fähig halte).

Leo: Sic est profecto. — (Gut gebrüllt, Löwe!)

Ursus: Ad eum prope modum sonuisse veteres arbitror (!) μοί, σοί, οἱ, τοῖοι, et κέριοι.

Leo: „Probabile narras." — (Aber, Löwe!!)

In diesem Ton geht es noch seitenlang weiter. Es ist zu langweilig, das dumme Zeug abzuschreiben; durch das schlampige Latein wird es nicht klüger.

Nur noch die eine Stelle über das *or.* — weil sie so bezeichnend ist für jene Philologaster unserer Tage, welche die schwierige Frage zu lösen glauben durch solche Sprüche der Weisheit, wie den im I. Kapitel zitirten: „Die griechischen Zeichen sind nach ihrem ursprünglichen und vollen Werte auszusprechen". „*or vero arbitror priscis fere sonuisse, quod Batavis sonat senex (oud), frigidus (koud) et aurum (goud)."*

Der Erfinder des obigen tiefsinnigen Spruches der Weisheit, nämlich Herr Friedrich Blass, kann von seinem Standpunkt gar nichts gegen seinen holländischen Geistesgenossen einwenden, der *or* gleich holländischem *ou* setzt und wie deutsches *au* zu sprechen empfiehlt. Herr Blass und die Seinen verleugnen zwar für *or* ihren eigenen Grundsatz und den des Erasmus, denn sonst hätte das Griechische gar keinen *u*-Laut besessen. Für *ar* und *er* dagegen lassen sie ihn aufs schönste gelten, nur üben sie dabei eine kleine Taschenspielerei; sie sagen nämlich: *a = a*, *v = ü*, folglich *ar = aü: aü* kann ich nicht, borg' ich mir einen, und fertig ist das *au*. Geschwindigkeit ist keine Hexerei. Es lebe die Wissenschaft! Wer anderer Meinung ist, ,leidet an nationalem Fanatismus, der glaubt, was er glauben will, und leugnet, was er nicht glauben will,' — so Herr Blass wörtlich auf S. 5 seines Buches.

Mit Gründen — den Erasmianern sonst spottwohlfeil — hält Erasmus selber, oder sein kluger Petz, sich nicht groß auf. Doch erwähne ich, dass schon dieser Ältervater der Erasmianer auf die tiefgründige Entdeckung verfallen war: im Griechischen gebe es mehrere Wörter, die man nach der griechischen Aussprache nicht von einander unterscheiden könne, folglich — müsse man die Aussprache ändern. Er führt den Gleichklang von καλός und καλῶς, von ἡμῶν und ὑμῶν an. — Beiläufig bemerke ich, dass von den 180 Seiten des Erasmischen *Dialogus* nur die Hälfte sich um griechische Aussprache dreht; der Rest ist vollends Geschwätz.

Dem Erasmus zufolge sollte also überwiegend holländisch ausgesprochen werden. Den Wert des η kannte er zwar nicht; aber er dachte ihn sich als langes *e*. Die übrigen von der griechischen Aussprache abweichenden Vokale klingen bei Erasmus so:

υ wie deutsches *ü*,

ω „ „ *o* (lang),

αι „ „ *ai* (oder *ei*),

αυ „ *au*.

ει „ *ei* mit vorklingendem *e*.

ευ „ „ *eu* „ „ *e*,

οι „ französisches *oi*, also wie deutsches *ōa*,

ου „ holländisches *ou*, „ „ „ *au*,

υι „ „ *ui*, „ „ *eu*.

Des Erasmus Aussprache kennt also garkein *u*.[*)]

Die Bewunderer des großen Rotterdamers außerhalb Hollands zogen die Nutzanwendung. Gleich Herrn Friedrich Blass beantworteten sie die Frage: „Welches ist der ursprüngliche Lautwert eines griechischen Schriftzeichens?" dahin: Eben der urprüngliche Lautwert! — und den fanden sie nach folgendem höchst einfachen Rezept. Man nimmt ein beliebiges griechisches Schriftzeichen, setzt an seine Stelle dasjenige der eigenen Muttersprache, welches jenem am ähnlichsten sieht, und spricht es nach den Gewohnheiten der Muttersprache.

Der Deutsche sagte: α = *a*, was man ihm nach einigem

---

*) In den holländischen Gymnasien herrscht heute die deutsche Aussprache des Griechischen, also kein Unterschied mehr zwischen αι und ει, ευ und οι.

Zögern vielleicht zugeben kann; $\iota = i$, — meinethalben; folglich — was ist „einfacher und natürlicher?" — $\alpha\iota = \mathfrak{ai}$.

Der Franzose sagte gleich dem Deutschen: $\alpha = a$, $\iota = i$: folglich — was ist „einfacher und natürlicher?" — $\alpha\iota = \mathfrak{ii}$.

Der Engländer sprach schon das α nicht wie a, sondern wie e; das ι nicht wie i, sondern wie ei.

Kurzum: seit dem . 16. Jahrhundert herrscht in Europa eine babylonische Verwirrung bezüglich der griechischen Aussprache: kein Mensch versteht das Griechische eines Ausländers, geschweige das eines Griechen. Reines E r a s m i s c h spricht heutzutage niemand, nicht einmal in Holland. In jedem Lande hat man sich nach obigem Rezept eine Art von Aussprache zurechtgemacht, die bequem zu erlernen ist, und hat sich mit dem Gedanken getröstet: die Griechen sind tot, Griechisch ist tot, — da können wir es halten, wie wir wollen. Die Franzosen sprechen das Altgriechische französisch; die Engländer e n g l i s c h; die Deutschen n e u - h o c h d e u t s c h. Dabei haben die Deutschen noch einige besondere Willkürlichkeiten hinzugetan. So sprechen sie das ϑ genau wie das τ, obgleich sie wissen und lehren, dass es sich um zwei sehr verschiedene Laute handelt. Sie sprechen $\alpha\iota$ und $\varepsilon\iota$, die auf Inschriften nie mit einander verwechselt stehen, völlig gleich. Aus o und v haben sie sich ein u gemacht, obgleich das dem Geist der deutschen Sprache zuwider; in d i e s e m Punkt sind sie eben der Überlieferung gefolgt. Die Taschenspielerei, mit der aus αv und εv ein au und eu wurde, habe ich schon angedeutet. Solche Unterschiede wie die zwischen εv, ηv und $o\iota$ werden nicht beachtet. Kurz, die deutsche Aussprache des Griechischen ist ein Gemisch aus Erasmisch und einigem Neugriechisch.

Während aber die Engländer und die Franzosen, sonst doch gewiss nicht blöde, wenigstens eingestehen, dass ihre Aussprache des Griechischen nichts anderes ist, als Englisch und Französisch; dass man sie nur als Notbehelf beibehalte, weil eine Änderung der Schulpraxis schwierig sei; — setzen sich in Deutschland viele Philologen aufs hohe Pferd und reden sich und ihren Schülern ein: „Abgesehen von einigen Unarten" ist die neuhochdeutsche Aussprache des Altgriechischen die einzig wahre. Wobei man noch nicht gehört hat, dass sie nun zum mindesten die als solche erkannten „Unarten" beseitigt hätten.

Von einigen Seiten freilich ist hin und wieder der Vorschlag
gemacht worden, die ärgsten Torheiten der neuhochdeutschen
Aussprache abzuschaffen. Man muss in der angezogenen Schrift
von G. Curtius nachlesen, welche Mühe er sich gibt, $\varepsilon\iota$ von $\alpha\iota$
unterscheiden zu lassen. „Es ist kein übermäßig schwieriges
Experiment, diesen Laut auch der Jugend einzuüben." Curtius
weiß so wenig wie irgend ein Mensch genau anzugeben, wie
denn nun die Altgriechen $\varepsilon\iota$ gesprochen; er kann höchstens sagen:
anders als $\alpha\iota$. Dennoch verlangt er, dass die Jugend sich den
Mund zermartere, um einen feinen Unterschied zwischen $\alpha\iota$ und $\varepsilon\iota$
herzustellen! Ähnlich verfährt er mit $\varepsilon\upsilon$ gegenüber $o\iota$. Da
verlangt er, „dass der helle E-Laut vor dem υ hörbar" werde,
„eine Aussprache, die unser deutsches eu z. B in Mecklenburg
regelmäßig hat." Er führt „als abschreckendes Beispiel" der
deutschen Aussprache für beide Diphthong-Reihen den Evoë-Ruf
$\varepsilon\check{\upsilon}o\iota$ *(oioi)* und das homerische $\alpha\check{\iota}\acute{\epsilon}\acute{\iota}$ *(aiai)* an. — Herr Blass
macht dieselben Versuche, warnt z. B. beim $\varepsilon\iota$: „Natürlich nicht
gleich dem gewöhnlichen deutschen ei."

Allen diesen hohlen Redensarten gegenüber habe ich zu betonen, dass, nach meinen Umfragen, auf den allermeisten deutschen
Gymnasien, mit verschwindenden Ausnahmen, nichts andres herrscht
als die ganz brutale Aussprache des Altgriechischen gleich Neuhochdeutsch. Es wird k e i n Unterschied gemacht zwischen $\alpha\iota$
und $\varepsilon\iota$, keiner zwischen $\varepsilon\upsilon$ und $o\iota$, keiner zwischen $\varepsilon\upsilon$ und $\eta\upsilon$,
keiner zwischen τ und ϑ.

Dies ist der heutige Stand der Gymnasialaussprache. Erzeugt durch eine vollkommen willkürliche, sinnlose, unbewiesene
Erfindung eines schrullenhaften Pedanten im Jahre 1528, ist sie
bis heute in voller Kraft geblieben. Alle Versuche zu ihrer
Rechtfertigung, die seit 1528 eine große Litteratur bilden, beruhen auf der Spiegelfechterei, als hätten sprachwissenschaftliche
Gründe bei ihrer Erfindung mitgewirkt. Nein: Desiderius Erasmus hat jene Aussprache schlankweg e r f u n d e n, *e digitis quasi*
exsuxit, wie der alte Erasmus Schmidt von Wittenberg (*Sylloge*,
II, S. 651) so treffend sagt. Erst h i n t e r h e r sind die Erasmianer gekommen, zuletzt Friedrich Blass, und haben sich bemüht, die „wissenschaftlichen" Beweise für die Richtigkeit der
Erasmischen Aussprache hinzuzuerfinden. Es erinnert das ganz

lebhaft an die sehr glaubwürdige Anekdote von jenem deutschen
Fürsten, der seiner Akademie die Aufgabe stellte: warum sind
die Schwänze der Fische im Winter größer als im Sommer? —
Worauf die gelehrten Akademiker aus Plinius, Galenus und un-
gezählten anderen Quellen eine Menge der triftigsten „Beweise"
für jenen fürstlichen Scherz beibrachten.

Die Versuche der Erasmianer haben sich im wesentlichen
darauf beschränkt, die neugriechische Aussprache an-
zugreifen. Das ist abermals eine Spiegelfechterei. Was geht
die Erasmianer die neugriechische Aussprache an? Würde ihre
eigene richtiger dadurch, dass die neugriechische falsch wäre? —
Es kann nicht derb noch dreist genug gefordert werden: ihr
Erasmianer habt euch mit dem Nachweis der Unrichtigkeit des
„Itazismus" zunächst garnicht zu befassen: sondern ihr habt
euch eurer eigenen Haut zu wehren und habt positiv zu beweisen, dass der „Etazismus", der Erasmianismus berechtigt ist; dass eine hohe Wahrscheinlichkeit besteht, die Griechen hätten im 5. Jahrhundert v. Chr.
so oder auch nur ähnlich gesprochen, wie Erasmus
und seine Nachfolger.

Unbestritten' hat die griechische Aussprache des Griechischen bis zum Jahre 1528 geherrscht. Da kam die Erfindung, die Neuerung der holländischen Aussprache. Dem
Neuerer liegt der Beweis ob, dass seine Neuerung richtig sei!

In Wahrheit verhält es sich mit den Beweisschriften der
Erasmianer eigentlich so. Unter dem Schein, als wollten sie
ihre Aussprache — die in jedem Lande Europas verschieden —
als die wahre oder annähernde Aussprache der alten Griechen
nachweisen, nörgeln sie an der neugriechischen Aussprache herum
und freuen sich, wenn ihnen scheinbar eine Art von Beweis gelungen, dass die Neugriechen nicht in jedem Punkt genau so
aussprechen, wie die Altgriechen, — etwas, was kein vernünftiger Reuchlinianer heute leugnet. Über den Sprachgebrauch des *arbitror* beim Erasmus sind diese sonderbaren Vertreter der Sprachwissenschaft noch niemals hinausgekommen,
wann es sich um positive Nachweise für die Richtigkeit ihrer
Aussprache gedreht hat.

Den Grundstein der Erasmischen Aussprache bildet doch

immer das Gefühl, oft sogar deutlich ausgesprochen: sie besteht doch
nun einmal! d. h.: wir werden von Staat und Stadt dafür be-
zahlt, dass wir sie lehren. Verfügt der oder jener Kultusminister
demnächst eine andere, so werden wir auch die lehren und ihre
Richtigkeit beweisen. Ich werfe damit keinen sittlichen Makel
auf die Philologen; sie, wie wir alle, stehen unter der Wirkung
des Satzes: Sei im Besitze und du bist im Recht. Wie der
Besitz einstmals erworben, ob durch ernste Forschung oder durch
einen plumpen Scherz, das vergisst sich in 359 Jahren.

Die ehrlichen deutschen Philologen vom alten Schlage waren
offenherzig genug, den wahren Grund ihrer Stellung zuzugeben.
Der brave alte Krüger schreibt in seiner „Griechischen Sprach-
lehre für Schulen" (Berlin 1845, S. 13): „Diese in Einzelheiten
mehrfach abgeänderte Erasmische Aussprache ist zwar keineswegs durchgängig fest begründet; allein sie empfiehlt sich
doch durch praktische Bequemlichkeit." — In ähnlichem
Sinne äußert sich der Erasmianer Buttmann.

Das ist ein Standpunkt, über den sich reden lässt. Wer
Griechisch für eine tote Sprache hält und von ihrer erfundenen
Aussprache zugibt: sie ist falsch, aber sie ist bequem, —
der ist ein Gegner, mit dem ein wissenschaftlicher Streit lohnt.
Hier aber habe ich es mehr mit solchen Erasmianern zu tun,
die ihre erfundene Aussprache für richtig halten, und darum
sollen die mir jetzt ihre Richtigkeit beweisen. Ich will ihnen
sogar die Ehre des Angriffs lassen; will mich der Kampfesweise
anbequemen, welche bei ihnen darin besteht: die neugriechische
Aussprache zu bekritteln. Ich will ihren Streichen Stand halten,
ohne im Anfang etwas anderes zu tun, als ihnen mit leichtem
Fleuret ihren 359 Jahre alten Sabel nach jedem Gange aus
den Händen zu schlagen.

III.

Zwei Gründe der Erasmianer.

Gestritten wird um folgendes.

Die Erasmianer sagen oder denken: die griechische Aussprache im Munde der heutigen Griechen muss falsch sein, denn in mehr als 2000 Jahren ändert sich jede Aussprache; was die Neugriechen, die nahen oder fernen Abkommen der Alten, durch die Ohren-Überlieferung nicht haben festhalten können, das haben wir „wissenschaftlich rekonstruirt"; „unsere Aussprache ist trotz einiger Unarten erheblich besser als die der Neugriechen." [*)]

Die Neugriechen, und mit ihnen die Reuchlinianer, erwidern: gewiss, die griechische Aussprache wird sich geändert haben; wie sehr und in welchen Punkten, das wissen weder wir noch ihr; da wir aber unsere Kenntnis des Griechischen aus der besten Quelle, nämlich durch nationale Überlieferung besitzen, so sprechen wir so aus, wie wir es von unseren Vätern gelernt haben.

Bei den Erasmianern findet sich, neben all der andern Unwissenschaftlichkeit, auch ein fortwährendes Jongleurspiel mit solchen ganz nebelhaften Begriffen und Wörtern wie: „ursprünglich", „von Anfang an", u. dergl. Herr Blass, der in dieser Beziehung seine Gattung vertritt, ist einer der ärgsten Jongleure

---

[*)] So ein Anonymus in der „Kölnischen Zeitung" vom Mai 1886. Dem Stil des ganzen Aufsatzes nach könnte Herr Blass ihn verfasst haben.

mit solchen Streckbegriffen. Leider macht sich auch Georg Curtius gelegentlich desselben Fehlers schuldig: „Die Geschichte der Diphthonge beginnt in der Regel damit," etc. — Was heißt das: „ursprünglich", — „von Anfang an", — „beginnt"? Heißt das: um die Zeit, da zuerst griechische Laute auf Erden erklangen? Und, wenn ja, — in welchem Jahrtausend v. Chr. mag das gewesen sein?

Oder soll es nur heißen: um die Zeit, da die Griechen zuerst ihren Lauten sichtbare Zeichen gaben? — Wann aber ist das geschehen? Wissen die Erasmianer das zu sagen, dann heraus damit! Dem Entdecker ist eine Professur sicher. War's um die Zeit, da Kadmus den Griechen das phönikische Alphabet brachte? Aber wann hat wohl Kadmus gelebt? Wie viele Jahrhunderte vor dem Trojanischen Krieg oder nach der Sündflut?

Meinen die Erasmianer die Zeit des Homer? Glauben sie, dass zu Homers Zeiten schon Griechisch geschrieben wurde? Einen triftigen, wissenschaftlichen Beweis, dass Homer noch keine Schrift gekannt, gibt es nicht. Aus einer bekannten Stelle (Ilias, VI 166 ff.) ist das Dasein mindestens einer Zeichenschrift zu Homers Zeiten mit Sicherheit anzunehmen. Dass die bisher auf gefundenen griechischen Inschriften nur bis ins 6. oder 7. Jahrhundert zurückreichen, ist kein Beweis, dass die Schrift in noch früheren Jahrhunderten nicht schon in Gebrauch gewesen. Ein staatliches Gefüge mit einer gewissen Kultur, mit Staatsgesetzen und rechtskräftigen Privatverträgen ist eigentlich ohne irgendwelche Schrift kaum denkbar.

Ich habe aber nicht nötig, müßige Vermutungen über das Alter der griechischen Schrift anzustellen; denn ich stimme mit den Erasmianern darin völlig überein: wir streiten nicht um die griechische Aussprache zur Zeit des Kadmus, des Agamemnon, oder auch nur des Homer und Hesiod, zumal da die beiden Letzten im ionischen Dialekt „geschrieben"; sondern wir streiten um die Aussprache der Attiker im 5. und 4. Jahrhundert v. Chr. — Also bitte: in Zukunft keine irrlichternden Redensarten mehr von „ursprünglich" und „im Anfang"; denn das 5. und 4. Jahrhundert v. Chr. waren nicht Ursprung noch Anfang der griechischen Sprache, Litteratur und Aussprache. Es ist möglich, dass die Griechen, ja auch die Attiker zu Homers Zeiten

anders sprachen als zu Platons Zeiten; aber wir haben gerade
genug an der Aufgabe, uns eine Ahnung von Platons Aussprache
zu verschaffen. Merkwürdig ist nur, dass die Erasmier meist vergessen, dass zwischen Homer und Platon gewöhnlich über 400 Jahre
angenommen werden; denn sie entnehmen die meisten Beispiele
für die angeblich schlechte Aussprache des Neugriechischen den
Homerischen Versen, die sie aussprechen gleich den Versen irgend-
eines Dichters aus Platons Zeiten. Von Homer bis Platon soll
sich die griechische Aussprache also nicht geändert haben, von
Platon bis zu Christi Geburt vollständig, — denn dass um Christus
schon nahezu neugriechische Aussprache geherrscht, das geben die
Denkenden unter den Erasmianern selbst zu.

Ausgangs- und Mittelpunkt des Streites bildet also das 5.
(u. 4.) Jahrhundert. Und nun kommt der erste Beweishieb der
Erasmianer! — Heraus mit eurem Flederwisch! Nur zugestoßen, —
ich parire.

„Die Aussprachen aller Sprachen ändern sich, —
folglich auch die der Griechen, folglich" — ist die Aussprache der Erasmianer richtig, das wagen sie nicht zu schließen,
aber — „folglich ist die Aussprache der Neugriechen
falsch."

Lauter Lufthiebe, von denen keiner sitzt. — Fast jedes
Wort, auf das es ankommt, nebelhaft; keines beweist.

Es ist eine inhaltlose Redensart, so plausibel sie klingt: „Alle
Aussprachen ändern sich". Wie viele Sprachen kann man darauf
hin überhaupt einer Prüfung durch Jahrtausende unterwerfen?
Wie, wenn eine Sprache sich in Jahrhunderten, vielleicht in Jahrtausenden gar nicht oder kaum merklich in ihrem Wörterbestand
und ihrer Grammatik geändert hat? Sollten wir auch dann von
ihr annehmen, die Aussprache habe sich trotzdem geändert?

Was zwingt uns zu einer solchen Annahme? Etwa die ver-
änderte Schrift? Seit wann decken sich denn Veränderungen der
Orthographie mit solchen der Aussprache? Gibt es nicht zahllose
Beispiele von grundstürzenden Umwandlungen der Orthographie,
ohnedass zugleich ein Wandel der Aussprache erfolgt wäre? Ich
erinnere an die große spanische Orthographie-Reform von 1811;
an die deutsche der 70er Jahre.

Eine so allgemeine Redensart wie die: alle Sprachen verändern ihre Aussprache — hat überhaupt gar keinen wissenschaftlichen noch praktischen Inhalt. Es mag ja sein, dass jede Aussprache sich „im Laufe der Zeit" wandelt, — aber im Laufe welcher Zeit? Meine chinesischen Freunde versichern mir, dass ihre Sprache seit Jahrtausenden weder die Wortformen noch die Aussprache geändert habe. Auch für deren ältere Litteratur wird es an einem Erasmus nicht fehlen, der ihnen die schlechte Aussprache dereinst verbessert! — Vom Arabischen behaupten Fachmänner, dass es seit mindestens 12 Jahrhunderten unverändert in seinem inneren Bau geblieben. Und wer will sagen, ob die Aussprache der portugiesischen Juden nicht 3 oder 4 Jahrtausende alt ist? Die Wörter in Christi Ruf: „*Eli, Eli, lama asabtani!*" werden von Millionen heute lebender Juden genau ebenso gesprochen.

In den neueren Sprachen steht es so, dass ihre älteren Sprachstufen nicht immer zum strengen Vergleich dienen können. Ist das Neuhochdeutsche etwa aus dem Gothischen des Ulfilas, aus dem Althochdeutschen des Otfried, aus dem Mittelhochdeutschen des Nibelungenliedes entstanden? Und was wissen wir denn von der Aussprache des Gothischen, Althochdeutschen, Mittelhochdeutschen, um mit Sicherheit zu behaupten: die Aussprache eines neuhochdeutschen Wortes, welches mit gleichen Schriftzeichen geschrieben wird wie das alte, ist eine verschiedene gegen früher geworden? Ja selbst bei abweichender Schrift steht nichts darüber fest. Was beweist uns, dass „*liute*" anders gesprochen wurde, als „Leute"? — Freilich die Philologen, welche das Gras wachsen zu hören sich einbilden, die hören auch am Ende 600 Jahre rückwärts, als wäre es ein Tag.

Hat die französische Aussprache der Wörter, welche dem alten und neuen Französisch gemeinsam sind, sich vollständig geändert? Das Gegenteil lässt sich für die meisten der betreffenden Wörter nachweisen.

Die Reime in Dantes Dichtungen beweisen uns, dass die Aussprache des Italienischen sich seit 6 Jahrhunderten nicht geändert hat. Sie — und das Italienische überhaupt — beweisen aber zugleich, dass das Latein, soweit es noch heute in seiner Tochtersprache Italienisch lebendig ist, sich in zwei Jahrtausenden kaum merklich gewandelt hat; denn fast alle Wörter, welche die Italiener mit denselben Buchstaben schreiben wie die Römer, werden gesprochen, wie wir das Lateinische nach der Meinung der Gelehrten zu sprechen haben.

Vom Englischen kann ich hier nicht reden, denn dessen Werden als einer Mischsprache mit deutschem Grundcharakter war erst im 14. Jahrhundert abgeschlossen.

Ich will nicht geleugnet haben, dass Aussprachen sich ändern; das wäre töricht. Ich will nur solche Behauptung nicht als wissenschaftliche Waffe gelten lassen, solange nicht der Zusatz gemacht wird: in Zeiträumen, deren Dauer sich nie genau bestimmen lässt.

Einige Schlüsse auf die Dauer des zu einer tiefgreifenden Veränderung der Aussprache nötigen Zeitraums kann man aus dem größeren oder geringeren Umfange der sonstigen sprachlichen Veränderungen ziehen. Es ist sehr wahrscheinlich, dass Aussprache, Wörterschatz, Grammatik sich in keinem allzu ungleichen Schritt ändern. Eine bestimmtere Behauptung wage ich nicht.

Bei der Betrachtung nun der neugriechischen Sprache und bei ihrer Vergleichung mit der altgriechischen wird von den meisten Erasmianern — Herr Blass allzeit voran — der Irrtum begangen: für Altgriechisch schlankweg das Schriftgriechisch der attischen Dichter und Prosaiker der klassischen Zeit zu setzen und nun munter Ungleiches mit Ungleichem zu vergleichen. Es ist das durchaus auf der Höhe der sonstigen Wissenschaftlichkeit der Erasmianer. Man vergleicht das Neugriechische der Volkssprache mit einem Dialekt der altgriechischen Schriftsprache und sagt dann stolz: „In der wirklich lebenden Sprache haben sich auch die Formen des Altgriechischen teils gänzlich verloren, teils erheblich verändert" (Blass S. 7 u. 8). Dieser Gelehrte rechnet unter die gänzlich „verlorenen" auch den Dual. Das hätte er doch wissen können, dass schon bei Homer der Dual seines Lebens nicht ganz sicher ist. Im Äolischen kommt eine Dualform garnicht vor. — Doch dies nur nebenbei.

Von welchem Dialekt des Altgriechischen leitet denn aber Herr Blass und Seinesgleichen das Neugriechische ab? Er sagt es nicht, aber zwischen den Zeilen lässt er lesen: vom Altattischen, denn wozu sonst das ganze Gerede von der „klassischen Zeit"?

Klassisch ist ja doch wohl nur das Attische? Dass außerhalb Attikas in Hellas selbst wenig Attisch vom Volk gesprochen wurde, dass die Mehrzahl der Griechen Äolisch-Dorisch sprach, gilt als bekannt. Die Mehrzahl der heutigen Griechen stammt ja doch nicht von den Altattikern ab; warum sollte also ihre Sprache bezüglich der Erhaltung ihrer Formen mit dem Reichtum des Altattischen gemessen werden?! Volkssprachen stammen von Volkssprachen ab; Neugriechisch vom alten äolodorischen Volksgriechisch. Sobald mir die Erasmianer Wörterbuch und Grammatik des alten äolodorischen Volksgriechisch zeigen können, werde ich ihnen antworten über die Veränderungen und Verluste des Neugriechischen.

Dass aber selbst gemessen am Altattischen das Neugriechische als eine wunderbar, geradezu unheimlich zähe Sprache erscheint, weiß jeder, der Neugriechisch kennt. Die Griechen, in so vielen Beziehungen ein Ausnahmevolk im Altertum, sind sprachlich noch heute ein staunenswertes Ausnahmevolk.

Die Frage nach der leiblichen Abstammung der Neugriechen, die ja von der sprachlichen garnicht zu trennen ist, erledigt sich am besten durch die Beantwortung der sprachlichen. Ich warne die Philologen, die sich mit beiden Fragen nie beschäftigt haben sollten, dass seit Fallmerayers Tagen die Wissenschaft über die Geschichte der Griechen im Mittelalter einige Fortschritte gemacht hat, und dass heute kein wissenschaftlicher Mann, der auf seinen Ruf hält, eine slawische Abstammung der Griechen mehr behaupten darf. Ich bitte die, welche sich dafür interessiren, die beiden letzten Kapitel meines kürzlich erschienenen Buches „Griechische Frühlingstage" *) gütigst zu lesen, — natürlich nur in einem Leihbibliothek-Exemplar. Dort habe ich den Nachweis geführt, nicht nur, dass die Neugriechen keine Slawen sind, sondern dass in ihrer Sprache sich nicht die leisesten Spuren slawischen Einflusses finden. Ich habe in Bezug auf die Aussprache dort auf den höchst merkwürdigen Umstand hingezeigt, dass dem Slawischen gerade alle dem Neugriechischen besonders eigenen Laute (δ, ϑ, $\varkappa$ vor e- und i-Lauten), dem Neugriechischen alle spezifisch slawischen Laute (Kehlkopf-l,

---

*) Jena 1887, H. Costenoble.

weiches *sch*, ferner alle harten *sch*-Laute, das *ü* gänzlich
fehlen.

Man kann die Blutstropfen eines Volkes nicht unter ein
ethnologisches Mikroskop bringen; aber die sprachliche Unter-
suchung versieht dessen Dienste zur Not auch. Fast in allen
Ländern ehemals altgriechischer Zunge wohnen noch heute
Griechisch, reines Griechisch sprechende Menschen. Ich glaube,
dies genügt, um die direkte Überlieferung der Sprache der alten
Griechen auf die neuen in einem für die Wissenschaft ausreichenden
Grade wahrscheinlich zu machen.

Auch die Überlieferung der Aussprache, — mit einigen
geringen Einschränkungen, die später Erwähnung finden sollen.
Eine Überlieferung der Sprache ohne Aussprache ist kaum denkbar, um so weniger, wenn man bedenkt, dass die Mehrzahl des
unter das Sklavenjoch gebeugten Griechenvolkes im Mittelalter,
ja bis tief in das 19. Jahrhundert hinein überhaupt nicht lesen
noch schreiben konnte. So geistreich auch die verschiedenen
Tissots über die „entarteten Abkömmlinge eines Perikles, eines
Sokrates, eines Phidias" salbadern mögen*), — diese entarteten
Abkömmlinge haben nun einmal das Glück, eine Sprache zu
sprechen, welche von Perikles, Sokrates, Phidias verstanden
worden wäre. Eine niemals unterbrochene sprachliche Kette
reicht von Geschlecht zu Geschlecht aus dem Griechenland des
19. Jahrhunderts in das Jahrhundert des Perikles, des Sokrates,
des Phidias.

Auf den höchst sonderbaren Umstand habe ich schon im
I. Kapitel hingewiesen, dass sowohl in der Erasmischen, wie in
der Reuchlinischen Aussprache sämtliche einfache Vokale und
die Mehrzahl der Konsonanten ganz gleich klingen. Es wäre
interessant, ein Wörterbuch derjenigen Wörter zusammenzustellen,
welche in beiden Aussprachen gleichlautend sind, oder bei denen
selbst von Erasmianern mit wissenschaftlicher Bildung die Be-

---

*) Das Belustigendste auf dem Gebiet der Tissot-Litteratur
aus neuerer Zeit sind drei Artikel eines gewissen Dr. Heinrich
Vierordt in No. 170—172 der „Allgemeinen Zeitung" (1886). Er
hat allerdings die Entschuldigung für sich, ein „lyrischer Dichter"
zu sein.

rechtigung der neugriechischen Aussprache schon zugegeben wird,
— so für δ, ζ, ϑ, σ, ντ. Tausende, viele Tausende von
Wörtern und Wortformen sind im Neugriechischen, selbst nach
Erasmischer Aussprache, in den 23 Jahrhunderten seit dem Zeitalter des Perikles völlig unverändert geblieben, mitsamt dem
Accent. Diese sonst unerhörte Tatsache mögen die Erasmianer
einmal erklären, sie die immer von der Verrottung der Sprache
und Aussprache im Munde der Neugriechen faseln!

Noch in einem andern Punkt ist das Neugriechische sehr
absonderlich: es hat weniger als die meisten anderen europäischen Sprachen dialektische Verschiedenheiten. Aus eigner
Kenntnis kann ich allerdings nur von den Ionischen Inseln (und
zwar Korfu, Lefkas, Kefalinia, Ithaka, Zante), vom Peloponnes
(Achaja, Elis, Arkadien, Messenien, Lakonien, Argolis) und von
Attika urteilen. Daher weiß ich, dass mit einziger Ausnahme
des υ (in Attika oft wie diphthongisches iu gesprochen) alle
diejenigen Laute, um welche der Streit zwischen Erasmianern
und Reuchlinianern tobt, in den genannten Bezirken völlig übereinstimmend gesprochen werden. Nirgends ein Rest dessen, was
die Erasmianer hinter solchen Zeichen wie η, αι, ει, οι, αυ, ευ,
ηι suchen. Mit Stumpf und Stiel sind überall auf griechischer
Erde — ich habe auch persönliche Freunde aus dem türkischen
Griechenland befragt — die holden ai-, au-, und eu-Laute der
deutschen Gymnasiallehrer ausgerottet worden, falls sie jemals
dem Gehege der Zähne eines griechischen Mundes entschlüpft
sind. —

Wieder holen die Erasmianer zum Streiche aus: „Der
Gleichklang vieler griechischer Wörter in der neugriechischen Aussprache!" — Ach, das ist wohl nur euer
Scherz; zur Abwehr solches Arguments braucht es kaum der
rechten Hand. Euer Ahnherr, Desiderius Erasmus, hat die
Weisheit auch schon entdeckt; ja er hat eigentlich darauf seine
ganze Erfindung begründet. — Die Erasmianer übersehen zwei
Kleinigkeiten, die sonst jedem Knaben bekannt sind: erstens
spricht der Mensch für gewöhnlich nicht in einzelnen Wörtern,
sondern in zusammenhängenden Sätzen; zweitens besitzt wohl
jede Sprache eine Menge völlig gleichlautender Wörter mit ver-

schiedener oder gleicher Rechtschreibung bei verschiedener Bedeutung.

Wer sich den Kopf der alten Griechen zerbricht, wie es
ihnen möglich gewesen sei, solche Wörter wie ἴδῃ, εἴδει, ἴδοι zu
unterscheiden, der möge mit der Übung des Kopfzerbrechens erst
einmal anfangen bei der Erklärung: wie unterscheiden wohl die
Franzosen die Bedeutung solcher durchaus gleichklingenden
Wörterreihen wie ô, eau, eaux, os, haut, hauts, — oder: saint,
saints, sein, seins, ceint, ceints, seing, seings, ceins (erste und
zweite Person), cinq, — oder: dam, d'en, d'an, dent, dents,
dans, — oder: temps, t'en, tan, tend, tends, tant — oder: ver
(Wurm) mit seinem Plural vers, vers (Vers), vair, vers (gegen),
verve, verres, vert, verts, — oder: cent, s'en, sens, sang,
sens (Verbum), sent, sans, cens?

Dass im Französischen viele Verbalformen sich durch die
Aussprache gar nicht von einander unterscheiden lassen, lehrt
jedes Verbum. All die Feinheiten der Rechtschreibung in: répéter,
répéter, répété, répétés, répétées — für das Ohr sind sie garnicht
vorhanden. — Ich höre aber schon einen der Erasmianer der
Zukunft im Tone größter Bestimmtheit ausrufen: es ist ganz
undenkbar, dass ein so hoch kultivirtes Volk, wie das französische,
alle jene feinen Unterscheidungen zwar geschrieben, aber nicht
gesprochen habe!

Auch im Englischen wimmelt es von solchen gleichklingenden
Wörtern bei sehr verschiedener Schriftbezeichnung.

Im Deutschen hat man aus überflüssigem Unterscheidungs-
eifer vieles durch die Schrift unterschieden, was im Ton völlig
gleich ist. Früher glaubte man, ſein und ſeyn unterscheiden zu
müssen. Noch jetzt werden solche Wörter wie ist, iſst; Tau,
Thau; Ton, Thon; miſst, Mist; Held, hält, hellt; Wirt, wird,
wirrt; sie, sieh; wider, wieder und viele andere sorgfältig
durch die Schrift unterschieden. Kümmert sich aber die Aussprache darum?

Auch an Wörtern mit gleicher Rechtschreibung, gleicher
Aussprache, aber ganz verschiedener Bedeutung ist in keiner
Sprache ein Mangel. Haben die Griechen etwa οἱ (Artikel) und
οἵ (Pronomen) unterschieden? Vielleicht, — aber die Schrift
verrät davon nichts. — Oder ἰός („Pfeil" und „Gift")? Dass.

im Griechischen, auch im alten, eine Unzahl sehr verschiedener Deklinations- und Konjugationsformen sich orthographisch und in der Schulaussprache garnicht unterscheiden, wem wäre das unbekannt? Ich behaupte nicht, dass die Altgriechen zwischen ἡμεῖς und ἐμεῖς nicht vielleicht einen ganz feinen Unterschied hören ließen; für völlig unentbehrlich in der mündlichen, durch lebhaftes Gebärdenspiel unterstützten Rede halte ich einen solchen Unterschied zum richtigen Verständnis nicht. Außer der Verwechselung mit *sieh* lässt unser *sie (Sie)* nicht weniger als s e c h s verschiedene Deutungen zu; *der* vierzehn; *die* sogar sechzehn (8 als Artikel, 4 als Demonstrativ, 4 als Relativ).

Viele der Verwechselungen, welche die Erasmianer dem Altgriechischen in der Reuchlinischen Aussprache als bedenklich für das Verständnis vorwerfen, finden sich übrigens auch im gesprochenen Neugriechisch, ohne dass sie als Übelstände empfunden werden. Das innere Ohr der Menschen bedarf keiner Orthographie.

IV.
Die Gründe des Wohllauts.

Diese Hauptwaffe der Erasmianer verdient ein eigenes Kapitel. Sie wird in jedem Streit mit den Reuchlinianern diesen um die Ohren geschwungen.

Über die Richtigkeit oder Unrichtigkeit einer Aussprache mit Gründen des Wohllautes entscheiden zu wollen, halte ich nicht nur für die unwissenschaftlichste Art des Kampfes, — ich halte sie auch für die wirkungsloseste. Man kann wohl durch philologische und historische Trugschlüsse gelegentlich einen sonst klaren Kopf verwirren; durch Gründe des sogenannten Geschmacks überzeugt man nicht einmal einen Dummkopf, sobald dieser sich seinen eigenen Geschmack zurechtgemacht hat. Ein spanisches Sprichwort sagt zwar: „Über Geschmäcke steht nichts geschrieben, doch gibt es solche, die Stockprügel verdienen;" — aber welche, darüber schweigt es.

Die Erasmianer, die behaupten, die neugriechische Aussprache des Altgriechischen sei falsch, weil sie hässlich klinge, — verlangen damit, wie mit fast allen ihren Beweisversuchen, gewisse Opfer des Verstandes, deren ein logisch gebildetes Gehirn nicht fähig ist. Ihre Schlussfolgerung ist diese: Altgriechisch war eine wohllautende Sprache; ergo verstößt alles, was unseren Ohren übel klingt, gegen die richtige Aussprache. Finden sie einen Vers im Homer oder im Äschylos, der ihnen oder auch uns in der neugriechischen Aussprache hässlich klingt, so folgt ihnen daraus, dass er zu den Zeiten des Homer und Äschylos anders

gesprochen wurde. Es ist traurig, dass man sich mit der Widerlegung solcher Trivialitäten ernsthaft abgeben muss; ich weiß aber
nur zu gut, wie weit verbreitet sie sind.

Ich gestehe zu, dass Altgriechisch eine wohllautende Sprache
gewesen sein mag. Dass sie den Griechen selber und den Römern
wohllautete, wissen wir. Den Persern und Skythen hat sie vielleicht weniger schön geklungen; indessen ich will einmal den
Griechen und Römern und meinem eigenen Ohr glauben. — Folgt
aber aus der allgemeinen Bezeichnung einer Sprache als einer
wohllautenden, dass alles in ihr Musik ist? Gibt es irgendeine
bekannte Sprache, die nicht gewisse Übellaute besitzt? Zunächst
allerdings nur Übellaute für die Ohren eines fremden Volkes; aber
über manche Klänge herrscht wohl selbst bei den eigenen Sprach-
genossen kein Zweifel am Miston. Die Deutschen halten Deutsch
für eine nicht übelklingende Sprache; geben wir aber nicht Alle
zu, dass sie arge Mistöne besitzt? Dasselbe lässt sich sogar von
Sprachen mit so hervorragend angenehmem Tonfall sagen, wie
Italienisch und Spanisch ihn haben.

Freilich, wer so verfährt, wie der große Philologe, aber
augenscheinlich schlechte Musikant Friedrich Blass; wer Übellaute
selbst da hört, wo jeder Andere nur harmlose Töne vernimmt,
der treibt mit einer bekannten edlen Gottesgabe einen unverant-
wortlichen Misbrauch. Um die Aussprache $\varepsilon v = e\!f$ oder ew als
unmöglich hinzustellen, schreibt Blass (S. 33): „Und dann die
andern abscheulichen und barbarischen Mislaute, welche der feinsten
Sprache der Welt (weiß Blass das ganz genau?) auf diesem Wege
aufgebürdet werden! *Efkolos* oder immerhin *evkolos**) für εὔκολος,
efpator für εὐπάτωρ; *efkratos* — — — und eine Masse anderes
soll hiernach altgriechisch sein." — Und weise fügt er hinzu:
„Wohl hat jede Sprache ihre besondern Gesetze des Wohllauts;
aber entweder beweise man, dass dem Altgriechischen diese Konsonantenhäufungen nicht zuwider waren — und die sämtlichen
Spracherscheinungen weisen direkt auf das Gegenteil —, oder

---

*) Durchaus nicht „immerhin", sondern niemals; ευ vor χ
lautet im griechischen Munde nur wie *ef*, nicht wie *ev*, worunter
Blass *ew* versteht.

man höre auf, mit byzantinischen Mistönen den Wohllaut des Attischen zu trüben." —

O si tacuisses! — „Entweder beweise man", — „sämtliche Spracherscheinungen weisen auf das Gegenteil." — Nun, so wird man jenem seltsamen Kenner des Altgriechischen beweisen müssen, dass ungezählte Spracherscheinungen nicht auf das „Gegenteil", sondern auf die Berechtigung der neugriechischen Aussprache mit ihren „Konsonantenhäufungen" weisen.

Also Herrn Blass klingen schon *efkolos* und *efpator* abscheulich und barbarisch. O über diese zärtlichen Ohren! Wie mögen ihnen wohl folgende Wörter in der deutschen Gymnasialaussprache klingen: ἐκφαίνω, ἐκφωνεῖν, ἐκφορά und die Dutzende anderer Wörter mit κφ — darunter sogar einige mit κφθ (z. B. ἐκφθίνω), einige mit κφλ. —? Klingt *kf* schöner als *fk*? Ist *kft*, *kfl* eine besonders schöne Konsonantenhäufung?

Wie denkt Herr Blass und Seinesgleichen über den attischen Wohllaut von *kpl. kpt, ksfr, ktl, kstr. sft, kpn, kch, kps, nsfr, ns-ch* (die westfälische Aussprache von „*Menschen*") etc.? Und doch kommen alle diese Konsonantenhäufungen im unbestrittenen Altattisch vor, gleichviel ob Erasmisch oder Reuchlinisch gesprochen. — Ob Herr Blass Wörter kennt wie ἐκθλῖψις, ἐκπλήξις, ἔκπνοος, ἐκπτίσσω, ἔκπτωμα, ἐκσφραγίζω, ἐκστρέφω. εἰσφθείρομαι, ἐνσφραγίζω, ἐνσχολάζω? — Und ob er auch angesichts solcher Wörter noch daran zweifeln würde, dass selbst „die feinste Sprache der Welt" Mistöne haben kann? Oder haben etwa die bösen Reuchlinianer jene „abscheulichen und barbarischen" Laute dem Altgriechischen aufgebürdet?! — *O si tacuisses!*

Auch in nicht zusammengesetzten Wörtern besitzt das Altgriechische gewisse Konsonantenverbindungen, die uns übel klingen; *cht* (χθές), *ft* (φθείρω), *tm* (τμῆμα), *tn* (θνητός), *mn* in so vielen Wörtern, und zwar als Anlaute, sind für nichtgriechische Zungen und Ohren mindestens nicht schön. Griechen, die ich nach ihrem Urteil über diese Konsonantenhäufungen befragt, haben mir erwidert: sie fänden darin nichts Arges; den alten Griechen wird es ebenso gegangen sein.

Wie es mit dem Urteil: diese oder jene Aussprache klingt schön oder schlecht, im übrigen steht, dafür bietet gerade die lustige Verschiedenheit der in Europa geltenden Aussprachen des Griechischen und Lateinischen schlagende Beispiele. Wir Deutschen wollen uns ausschütten vor Lachen, wenn wir die Engländer das Lateinische wie Englisch aussprechen hören, obschon die Engländer damit nur genau dasselbe tun, wie wir mit dem Griechischen. Wie klingt wohl einem Deutschen der folgende Vers:

Taitiri tju petjuli refjubens ßöb tegmini feöfdчei?

Der Engländer findet sie prächtig. Der Deutsche liest dafür:

Tityre, tu patulae recubans sub tegmine fagi,

was dem Engländer Ohrenschmerzen macht. Der Franzose liest den Vers französisch und lacht über die scheußliche Aussprache der beiden andern, und ebenso mit dem Griechischen. Dass die Griechen unsere Aussprache entsetzlich finden, ist noch nicht „nationaler Fanatismus", wie Herr Blass versichert; denn es ist ja doch wohl ein Naturrecht jedes Volkes, nicht nur seine Sprache nach seinem eigenen Geschmack auszusprechen, sondern auch diese seine Aussprache für die echte und die schönste zu halten. Mir kommt es weit eher wie „nationaler Fanatismus" vor, wenn ein deutscher Schulmeister die deutsche Aussprache des Griechischen für die echte und schönste erklärt. Außer von uns selber wird die deutsche Aussprache des Griechischen von keinem Volk für schön gehalten. Ein Neugrieche, Ikonomos, schreibt von ihr: „Wie wunderbar schön nach den Erasmianern ihre Aussprache sein soll, — wir finden sie nicht schön; wir sind gänzlich gefühllos für ihre Reize; sie ist uns vielmehr im höchsten Grade widerwärtig; sie zerreißt uns die Ohren und wendet uns die Eingeweide um."

Wie steht es überhaupt mit der Wirkung sprachlicher Töne in ästhetischer Beziehung? Auf feine Ohren wirkt jede fremde, unverstandene Sprache zunächst unangenehm, wie jedes wirre, sinnlose Geräusch. Italienisch mag weniger unangenehm klingen als Deutsch; aber so angenehm wie verstandenes Deutsch klingt unverstandenes Italienisch nicht. Dasselbe, vielleicht in noch stärkerem Maße, gilt von einer unbekannten Aussprache einer bekannten Sprache. Man denke sich, ein Deutscher habe Französisch mit deutscher Aussprache erlernt und spreche z. B.:

„*Jai fait un hoiroifs foiage afecƀ doifs chefaufs.*"

Es würde ihm zweifelsohne sehr schön und sehr französisch klingen. Wäre der Betreffende ein deutscher Gymnasiallehrer, so würde er wahrscheinlich auf den fast griechischen Wohllaut jenes Satzes hinweisen: „dieses breite, volle ,*jai fait*'; dieses himmlische dreifache *oi* dicht hintereinander in ,*hoiroifs foiage*'; dieses majestätische *au* in ,*chefaufs*'". Käme dann ein echter Franzose und behauptete, der obige Satz werde von ihm französisch gesprochen wie:

J'ai fait un heureux voyage avec deux chevaux,

so würde jener Deutsche, wenn er z. B. bei Herrn Blass Sprachwissenschaft gelernt, ihn abfertigen mit dem hochnäsigen Satz: „Davon, wie Französisch zu sprechen, verstehst du, der Franzose, nicht das Geringste, wirst auch nie im Stande sein, etwas davon zu verstehen, weil dein nationales Vorurteil dir in dieser Sache jede Sehkraft auch für noch so klar vorliegende Tatsachen genommen hat." — So, wörtlich bis auf „Französisch" statt „Griechisch", Herr Blass! — Sich dagegen und die Erasmianer im allgemeinen nennt Blass die „Vorurteilslosen und Uninteressirten gegenüber dem von vornherein hartnäckig Eingenommenen." — Die Erasmianer, d. h. wir deutschen Gymnasialmenschen samt und sonders, haben vom zarten Quartaneralter an nie eine andere Aussprache gehört, als die von Erasmus erfundene, — und da sollen wir Vorurteilslosigkeit bewahrt haben?!

Und unsere Uninteressirtheit? — Allerdings, einen Orden oder Professortitel kriegen nicht alle, welche die Erasmische Aussprache verteidigen; aber die Erasmianer haben alle das größte Interesse daran, dass ihre Aussprache nicht aus dem Unterricht entfernt werde, denn sonst müssten sie das Griechische umlernen, und vor der Mühe scheuen sie sich, was ich ihnen nicht bös anrechne.

Klingt die neugriechische Aussprache schlecht? — Das ist eine Geschmacksache. Aber um in Geschmacksachen irgend ein Urteil zu wagen, muss man zum mindesten den Gegenstand des Urteils kennen, — in Fragen des Gehörs also die zu beurteilenden Laute gehört haben. Das haben von 100 Erasmianern 99 nie getan. Weder haben sie jemals Neugriechisch noch Altgriechisch von einem Griechen sprechen hören.

Dass die Griechen unsere Aussprache verabscheuen, habe ich erwähnt, ist auch natürlich. Dagegen hat eine verhältnismäßig nicht unbedeutende Zahl von geborenen und erzogenen Erasmianern nach persönlicher Kenntnis der neugriechischen Aussprache diese theoretisch und praktisch zu der ihrigen gemacht und hat ihre Ansichten über den Wohllaut vollkommen geändert. Ein Fall aber, in welchem Jemand, Neugrieche oder nicht, sich von der zuerst gelernten neugriechischen Aussprache zu der neuhochdeutschen oder sonst einer der erfundenen Aussprachen bekehrt hätte, ist seit den Tagen des Erasmus wohl schwerlich vorgekommen.

Einer der unanfechtbarsten Zeugen in der Frage des Wohllauts war Thiersch. Gründlicher Kenner des Alt- und Neugriechischen, bis in sein Mannesalter nur mit der Erasmischen Aussprache vertraut, dann auf griechischem Boden an die griechische Aussprache gewöhnt, später in die Erasmische Heimat zurückgekehrt, schrieb er in seiner Grammatik die gewichtigen Worte: „Bleibt zwischen den beiden Aussprachen zu wählen, so bekennt der Verfasser, der an beide gewöhnt ist, gern, dass er der Reuchlinischen oder neugriechischen im ganzen bei weitem den Vorzug gibt, nicht nur aus den oben angeführten (wissenschaftlichen) Gründen, sondern auch weil sie in der jetzt gewöhnlichen griechischen Mundart, besonders im Munde der Gebildeten, der Sprache eine schöne und lautere Harmonie gibt.“

Sobald unsere deutschen Philologen gleich Thiersch sich an beide Aussprachen praktisch gewöhnt haben werden, soll mir ihr Urteil über den Klang der neugriechischen Aussprache etwas gelten; eher nicht.

Darf ich meine eigene Erfahrung vortragen, so ist es diese. Meine wackeren Lehrer im Griechischen — Ehre und Dank ihrem Gedächtnis! — haben mich in der Erasmischen Aussprache erzogen, ohne mir etwas von der neugriechischen mitzuteilen. Bis in die Nähe des Schwabenalters war ich solchermaßen mit dem herrlichen *hoioi, kai hai, enoi, aiei* gelangt, ohne mir sonderlich viel Arges dabei zu denken. Man wird eben selbst gegen die grässlichsten Mistöne taub, sonst gäbe es ja nicht so viele Klavierpauker- und -Paukerinnen. Es wollte mir zwar nicht in den Kopf, dass die Römer — und mit ihnen wir — *Phidias, Pisistratus, Clytämnestra, Evangelium* gesprochen haben sollten, falls die Griechen *Pheidias, Peisistratos, Klytaimnestra, Euangelion* gesprochen. Indessen ich dachte im großen und ganzen wie alle Welt:

Ἀιει δε μαλακοῖσι και ἡαιμύλιοῖσι λογοῖσι

ist der lieblichste Vers der ganzen Odyssee, just so wie dem Don Quijote die Dulcinea von Toboso als die erlauchteste und schönste Dame der Welt erschien.

Da lernte ich vor bald zwei Jahren Neugriechisch, fand die Aussprache im Anfang — zwar nicht übelklingend, aber sehr fremdartig und deshalb hemmend; überwand dieses Gefühl nach wenigen Monaten; hörte dann während 6 Wochen vom Morgen bis in die Nacht in Griechenland nur Griechisch, sprach es notgedrungen selber, — und sieh da! ich fand: „dass die neugriechische Aussprache, besonders im Munde der Gebildeten, der Sprache eine schöne und lautere Harmonie gibt." Seit der Zeit bin ich unfähig, neuhochdeutsches Griechisch selbst zu sprechen oder geduldig anzuhören, — und als das eine Weile gedauert, da setzte ich mich hin und schrieb mein Buch: „Die Aussprache des Griechischen."

Noch einmal also: Klingt die neugriechische Aussprache schlecht? — Sehen wir zu, was verständige Erasmianer gegen ihren Klang einzuwenden haben, und kümmern wir uns, in diesem Kapitel wenigstens, nicht mehr um Blass und Konsorten mit ihren durch *efkolos* und *efpator* beleidigten Ohren.

Vom Standpunkt des Wohllauts wendet niemand etwas ein gegen folgende Aussprachen: $\beta = w$; γ vor e- und i-Lauten $= j$; $\frac{v}{-} =$ weichem *f*: $\sigma = ff$; π nach $\mu = b$; τ nach $\nu = d$, $\varkappa$ nach $\nu = g$. Selbst gegen δ und ϑ — wie weiches resp. hartes englisches *th* — kann vielleicht die Schwierigkeit der Aussprache für eine deutsche Zunge, aber nicht der Übellaut im

Munde von Engländern wie Griechen eingewendet werden. Ja selbst aus dem Verlust der *ai-, oi-* und *au-*Laute kann kein Vorwurf des Übelklangs hergeleitet werden, sintemalen sehr viele andere, allgemein für wohlklingend gehaltene Sprachen jener Lieblingslaute deutscher Gymnasiallehrer gänzlich entbehren. Weder das Italienische noch das Spanische noch das Französische kennen die Diphthonge, *ai, oi, au*; im Deutschen kommen sie zusammengenommen nur $9\frac{1}{2}$ mal unter 100 Vokalen vor, wie die später zu erwähnenden Zählungen ergeben haben.

In dem erfundenen Griechischen aber der Holländer und Deutschen gehören die herrlichen *ai-, oi-* und *au-*Laute zu den allerhäufigsten. Sie sind beinah doppelt so häufig wie das einfache *i*, ungefähr ebenso häufig wie *a*; ja ich glaube, eine genaue Zählung würde ergeben, dass sie geradezu den Lautcharakter des holländisch-deutschen Griechisch bestimmen. *Ai, Oi, Au* — die häufigsten Laute der „wohlklingendsten Sprache"!

Das Einzige, was dem Neugriechischen ernsthaft vorgeworfen wird, ist das angebliche Vorherrschen des *i*-Lautes. Dieser Vorwurf ist doch eigentlich das *A* und *Ω* der Erasmischen Beweisführung. Man kann mit einem richtigen Erasmianer keine fünf Minuten über die Streitfrage sprechen, ohne dass man ihn zu hören bekommt, den Kern der ganzen Erasmischen „Wissenschaft": „Das Griechische in neugriechischer Aussprache besteht ja kaum aus anderen Vokalen als aus *i*-Lauten." Macht man darauf aufmerksam, dass doch so zu sagen noch etwelche *a-, e-, o-, u-*Laute vorkommen, so müssen die Erasmianer das zugeben, zumal wenn man ihnen den Anfang der Odyssee vordeklamirt:

„Andra mi ennepe, mussa, politropon, os mala polla
Planchthi epi Triis ieron ptoliethron eperssen;
Pollon d'anthropon iden astea ke noon egno,
Polla d' og' en pondo pathen aljea on kata thimon,
Arnimenos in te psichin ke noston eteron."

Das hält aber nicht lange vor; sie haben nie im Leben einen besseren Grund gehört und wissen ihre eigene holländische Aussprache mit nichts anderem zu rechtfertigen, als dass sie dabei bleiben: in der griechischen Aussprache herrscht das *i* ungebürlich, ungewöhnlich, ungeheuerlich etc. vor.

Ein wissenschaftlicher Grund wäre dies auch dann nicht, wenn er auf Wahrheit beruhte. Denn was ist natürlicher, als dass in einer Sprache irgendein Vokal häufiger vorkommt als jeder andere? Ob dieser Vokal das *a*, das *e* oder das *i*, oder sonst einer ist, das beeinflusst wohl die Klangfarbe einer Sprache; doch irgendwelcher Schluss auf die Berechtigung oder Nicht-berechtigung einer Aussprache lässt sich daraus nicht ziehen, soweit es sich um eine durch das Verhalten einer wirklich lebenden Sprache zu prüfende Tatsache handelt. Es ist ein ganz ander Ding um das angebliche Vor-herrschen des *i* im Neugriechischen, — als um das der *ai, oi, au* im Erasmischen; denn Neugriechisch ist eine Sprache, Erasmisch aber ist eine Erfindung. Das *i* herrscht auch in anderen für schön gehaltenen Sprachen vor, wie wir weiterhin sehen werden. Die *ai, oi, au* dagegen sind in keiner Sprache sehr häufig, fehlen in den meisten, und nur im Chinesischen und Finnischen kommen sie öfter vor; aber auch dort nicht annähernd so oft, wie in dem erfundenen *Volapük* der Erasmianer.

Wie steht es mit der Häufigkeit eines bestimmten Vokals in wichtigen Litteratursprachen? — In jeder überklingt einer ganz merklich die anderen; in den meisten viel stärker als das *i* im Griechischen! Die nachfolgenden Zahlenangaben beruhen auf Zählungen, die ich selbst ausgeführt, und auf Mitteilungen einiger Freunde. Ich spreche aber die dringende Bitte aus, es möchten aus dem Leserkreise für eine etwaige zweite Auflage mir noch recht viele Zählungsergebnisse mitgeteilt werden. Die von mir gegebenen Zahlen machen nicht den Anspruch auf er-schöpfende Beweiskraft. Sie werden aber vielleicht ausreichen, um dem allerdümmsten Geschwätz der Erasmianer ein Ende zu machen.

Im Sanskrit ist die Häufigkeit des *a* eine solche, dass sie alles aus anderen Sprachen bezüglich anderer Vokale Bekannte bei weitem übertrifft. In 40 Versen des Mahabharata (den je 20 ersten des 9. und 10. Gesanges der Episode von Nalas und Damajanti) habe ich gezählt: auf 640 Vokale im ganzen — nicht weniger als 440 mal *a* (kurz und lang). Es beträgt hier-nach die Häufigkeit des *a* im Sanskrit mehr als das

Doppelte sämtlicher übriger Vokale zusammengenommen, genau: **68,7** %.

Der Lieblingsvokal des Neuhochdeutschen ist das *e*.
Ich habe mit Hilfe von Freunden und durch eigene Zählungen
folgende Ergebnisse gewonnen. In der Stelle des „Faust": „Mis-
hör mich nicht, du holdes Angesicht" — bis: „umnebelnd Himmels-
glut" findet sich unter 189 Vokalen 70 mal *e* (oder kurz ä),
d. h. die Häufigkeit des *e* beträgt 37%, beiläufig der niedrigste
Prozentsatz, den ich für Göthe bei Zählungen zufällig aufge-
schlagener Stellen gefunden habe. — Rangabé (vgl. seine kleine,
wertvolle Schrift: „Die Aussprache des Griechischen", Leipzig
1883) gibt für die vier ersten Strophen von Schillers „Bürg-
schaft" folgende Zahlen: im ganzen 240 Vokale, davon *e*: 99
mal, also in Prozenten: 41,2%. — Herr Dr. Franz Stolze hat,
unabhängig von mir und zu ganz anderen wissenschaftlichen
Zwecken, durch Zählungen in Gervinus, Auerbach, Peter Reichen-
sperger und in einem seiner eigenen Werke („Handelsverhältnisse
Persiens") gefunden: unter 3421 Vokalen — 1468 mal *e*, d. h. 43%.

In Schillers „Lied von der Glocke" stehen unter 3152 Vokalen — 1367 *e* (oder kurz ä), d. h. 43,3%. — In Göthes
„Epilog auf Schillers Tod": unter 1105 Vokalen — 468 *e*-Laute,
d. h. 42,3%.

Aus den Zählungen deutscher Stellen ergibt sich ein Durch-
schnitt für die Häufigkeit des *e* von: 42,8%.

Nach den Zählungen Rangabés scheint auch im Französischen der *e*-Laut der häufigste unter den Vokalen zu sein;
doch sind die Zählungen zu wenig umfangreich gewesen, um bestimmte Schlüsse ziehen zu lassen. Rangabé hat für die Häufigkeit
des französischen *e*-Lautes ein Verhältnis von 36,3% gefunden.

Wie steht es nun mit der Häufigkeit des *i* im Griechischen
nach der überlieferten neugriechischen Aussprache? — Die Erasmianer sind mit ihrem Urteil sofort bei der Hand: das *i* kommt
unerträglich oft vor, und als wissenschaftlichen Beleg führen sie
irgend einen Vers aus Homer oder Äschylos an, in dem es zufällig von *i* wimmelt. Daran wird dann die kluge Bemerkung
gehängt: das ist zu oft, „folglich" kann Homer oder Äschylos
nicht so gesprochen haben. Leute dieses Schlages werden auch

wohl an Göthe etwas auszusetzen haben, wenn er Verse schreibt
wie:

„Dich, mich, sich selbst." —

„Liegt die Erde hierunten nicht fest?" —

„Ist mir in tiefer innerer Seele verhasst,"

und tausende andere.

Was werden die Erasmianer, was die klassischen Philologen
durch die Bank, zu folgender unbestreitbarer, weil mathematisch
feststehender Tatsache sagen:

Der i-Laut des Altgriechischen in der neugriechischen Aussprache ist nicht häufiger als der i-Laut im Lateinischen.

Hätte sich Einer der Erasmianer der kleinen Mühe unterzogen, Zählungen anzustellen, anstatt gegen den „Itazismus" sein
dummes Zeug zu schreiben, so hätte er dasselbe gefunden, wie ich.

Wer solche seltenen Häufungen des *i* im Griechischen hervorhebt wie die in dem Vers (Ilias, II 56):

Κλῦτε, φίλοι· θεῖός μοι ἐνύπνιον ἦλθεν Ὄνειρος,

dem ist zu erwidern: im Deutschen gibt es, in der Poesie wie in
der banalsten Prosa, unzählige Fälle mit vorherrschendem *e*. Die
deutsche Aussprache macht solche Häufungen dadurch erträglicher, dass sie die Abwechselung zwischen kurzem und langem
e eintreten lässt. Aber ganz dasselbe gilt auch für das Griechische.
Freilich, wer *oníros* betont, hört ein langes *i* mehr, wo der
Neugrieche, der nach dem Wortaccent, nicht nach dem willkürlichen Versaccent, *óniros* liest, nur ein kurzes *i* hört.

Überhaupt muss ich dem weitverbreiteten Irrtum entgegentreten, als sprächen die Neugriechen alle ihre *i* mit dem gleichen
Laut. Durchaus nicht! Je nach dem Accent ändert sich die
Aussprache des *i* ganz merklich. Auch macht es einen wesentlichen Unterschied für die Aussprache, ob dem *i* ein Vokal oder
ein Konsonant, oder eine Konsonantengruppe folgt. Im Neugriechischen ist *i* keineswegs immer der „spitze, quiekende Ton",
für den ihn die Erasmianer halten, ohne ihn je aus griechischem
Munde gehört zu haben.

Das ist ja wahr: ein zu starkes Vorherrschen des langen *i*
würde für unser Ohr wenig angenehm sein. Das findet aber

im Neugriechischen nicht ungebürlich statt. Auch wird das etwaige „Vorherrschen" des *i* im Neugriechischen dadurch wesentlich gemildert, dass es häufig konsonantisch, also wie *j* klingt. Dass etwas ähnliches auch im Altgriechischen stattfand, lehren zahllose Verse bei allen Dichtern, besonders bei den Komikern, in welchen *i* konsonantisch gelesen werden muss. Heute spricht man z. B. παιδιά wie *pädja*: es liegt kein Grund vor, für das Altgriechische in ähnlichen Fällen eine andere Aussprache anzunehmen; der Accent macht sie ganz natürlich.

Freilich, wer seit 30 und mehr Jahren gewöhnt ist, zu sagen und zu hören: *hoi hüioi, kai hoioi* und die anderen herrlichen Laute der deutschen Gymnasial-Pferdesprache, und sie schön zu finden, — der rümpft die Nase über das neugriechische *i iji* (was ich auch nicht schön finde), *ke ii*. Wenn je der Vergleich vom Splitter und Balken stimmte, dann in diesem Falle.

Man darf ruhig *i iji* wenig schön finden; nur darf man nicht sagen: so können die alten Griechen nicht gesprochen haben. Trotz *i iji* und *ke ii* bleibt Altgriechisch noch immer eine sehr wohllautende Sprache im Munde der Neugriechen.

Auch muss man bei der Betrachtung über den Sprachcharakter des Griechischen nicht vergessen: wir haben es mit einem Volke südlich lebhaften Temperaments zu tun. Wer sich freilich die Athener nur denken kann, wie sie majestätischen Schrittes und mit tragischem Faltenwurf zum Athene-Tempel auf der Burg oder auf die Rednertribüne der Pnyx oder zum Hügel des Areopags emporstiegen, der erwartet eigentlich einen feierlichen Lautcharakter ihrer Sprache mit vorherrschenden *a, o, u.*

Man kann von deutschen Philologen manchmal hören: wie „voll" klingen aber die *ai, oi, au* im Altgriechischen! — Ich gebe ihrem Geschmack für die „Fülle" die zu deklamirenden Verse der Dichter preis. Aber wie denkt man sich das außerordentlich starke Vorherrschen jener Laute (also *ai, ei, eu, ēu, oi, au*) in der nicht deklamirten, sondern im Unterhaltungston gesprochenen Alltagsrede? Im Homer mag es nicht stören, dass z. B. im ersten Gesang der Odyssee in den 444 Versen nicht weniger als 1031 (15,6%) jener „vollen" Laute vorkommen. Nun aber prüfe man wirkliche altgriechische Unterhaltung auf ihre Flüssigkeit mit solchen kloßigen Tönen wie *ai, oi au,* im Übermaß!

Für ein so bewegliches, eindringlich sprechendes Volk scheinen mir gerade recht viele *i* sehr passend, und ich wundre mich, dass sie nicht noch häufiger sind. Ich stelle dies nicht als vollgiltiges wissenschaftliches Beweismittel hin, sondern nur als eine „Konjektur", wie sie in der zunftgemäßen Philologie ja zum täglichen Brot gehört. Unterstützt aber wird die Konjektur durch einen Vergleich mit dem Lateinischen. Es ist nicht zufällig, dass im Latein der *i*-Laut der vorherrschende Vokal, überhaupt der häufigste Laut ist.

Für das Lateinische ist noch zu bedenken, dass sein langes *e* in vielen Fällen ein Mittellaut war zwischen *i* und *e*, sodass die wirkliche Häufigkeit des *i*-Lautes für das Lateinische sich noch um etwas höher stellt als in folgender Berechnung.

Dr. Franz Stolze hat zu einem anderen Zweck als dem meinigen Zählungen über die Häufigkeit des *i* im Lateinischen vorgenommen. Er hat gefunden:

in Ciceros erster Rede gegen Catilina (1. Kapitel) und seiner Rede für Milo (1. Kapitel): unter 1115 Vokalen — 311 *i*, also 27,8%;

im Anfang von Sallusts Verschwörung des Catilina: 470 Vokale, davon 139 *i*, also 29,5%;

in Caesars Bürgerkrieg (Kapitel 21 und Hälfte von 22): 501 Vokale, davon 152 *i*, also 30,3%;

in Tacitus' Germania (Kapitel 6 und 7) 744 Vokale, davon 186 *i*. also 25%.

Dazu kommen meine eigenen Zählungen und die eines Freundes, und zwar haben wir gefunden:

in Ciceros Büchern vom Redner, Buch I, Kapitel 1 und 2: 1239 Vokale, davon 347 *i*, also 28%; Buch II, Kapitel 1: 888 Vokale, davon 233 *i*, also 26,2%; Buch III, Kapitel 1 und 2: 1344 Vokale, davon 387 *i*, also 28,7%;

in Caesars Gallischem Krieg, Buch I, Kapitel 1 und 2: 765 Vokale, davon 223 *i*, also 29,1%; Buch II, Kapitel 1 und 2: 502 Vokale, davon 135 *i*, also 26,8%.

Selbst bei Plautus, der ja so oft *i* durch *u* ersetzt, habe ich im ersten Akt des Trinummus gefunden: 1170 Vokale, davon 304 i, also 25,9 %.

Das Gesamtergebnis für das Lateinische stellt sich nach den obigen Zählungen auf 2417 i unter 8738 Vokalen, mithin eine Häufigkeit des i von 27,6 %.

Es ist sehr spaßhaft zu beobachten, wie nordische Philologen — und Nordländer sind ja die meisten überzeugungstreuen Erasmianer — einem südlichen Volke Vorschriften über die Lautfarbe seiner Sprache zu machen wagen. Was solche Superklugen wie Herr Blass in dieser Beziehung am Griechischen mit seinem angeblichen Vorherrschen des i-Lautes auszusetzen finden, das erinnert unwillkürlich an die Tadler der Venus von Canova, von denen Heine singt: — doch nein, man lese es selber nach! Es steht in Nr. 7 der „Lazarus"-Lieder, unter dem Titel „Unvollkommenheit". Es bewegt sich ungefähr in der Gedankenbahn des Joannes Checus (Cheke) zu Cambridge im 16. Jahrhundert, der über den ihm abscheulichen i-Laut folgendes zum Besten giebt (Haverkamps Sylloge, II. Teil, S. 249):

Nullo modo ι admitti debet: quia tam humilis, abjectus hujus literae sonus est, ut non nisi ad lamentandum et ad quaestum muliebrem, et ad caeterorum sonorum amplitudinem et magnificentiam attemperandam valeat."

Und jener Cheke, Professor des Griechischen, galt für eine Säule der Gelehrsamkeit. Jedenfalls ist er eine Säule des Erasmianismus in England, sein Begründer gewesen. Er ist ein treffliches Beispiel für den Volksspruch: „Je gelehrter, desto verkehrter".

Am Lateinischen mit seinem häufigen i wagt man nicht zu rütteln. An *inimicitiis, inimicissimis, didicisti, dixisti, tristitiis divitiis* und tausend anderen; — an Versen wie:

— *„Dic mihi, quid feci, nisi non sapienter amari?"* —

— *„Nec tu linigeram fieri quid possit ad Isim"* —

— *„Proveniant medii sic mihi saepe dies."* —

— *„Quid tibi vis, mulier, nigris dignissima barris?"* —

— *„Quid fles, Asterie, quem tibi candidi*

Primo restituent vere Favonii — —"

— *„Quod si me lyricis vatibus inseris, sublimis feriam*

vertice sidera" — —

— „*Sin aliter es, inimici atque irati tibi*"
nimmt kein Mensch Anstoß. Aber
  „*Planchthi epi Triis ieron ptoliethron eperesse*"
erscheint unerträglich jenen zartgeöhrten Erasmianern, welche ohne
Ohrenkrämpfe ihre *hoioi-* und *aiai*-Sprache aufs Griechische übertragen.

Gewiss, es gibt manchen Vers bei den griechischen Dichtern,
der neugriechisch wenig schön klingt. Aber jeder dieser
Verse klingt holländisch-deutsch gesprochen noch
hässlicher! Ich habe die Probe darauf gemacht, indem ich
solche anstößigen Verse Personen vorlas, die überhaupt kein
Griechisch verstanden, und mir ihr Urteil erbat. Niemals habe
ich eine besondere akustische Vorliebe für das *hoioi, aiei, euoi*
entdeckt. Man fand weniger auszusetzen an
  Klite, fili, thios mi enipnion ilthen oniros,
als an
  Klüte, filoi, teios moi enüpnion eelten oneiros.
Verse wie der homerische:
  Οἶοι Τρώιοι ἵπποι ἐπιστάμενοι πεδίοιο,
der äschyleische:
  — Πείθοι' ἄν, εἰ πείθοι ἀπειθοίης δ' ἴσως —
klingen in keiner der beiden Aussprachen schön. Aber kein Mensch,
der nicht auf Erasmus bestallt und vereidigt ist, kann leugnen,
dass 6 oder 7 *i*, oder selbst 10, nicht so entsetzlich klingen, wie
6 *oi* in 5 Wörtern, und 7 *ei* und *oi* in 7 Wörtern. Zugegeben:
ii klingt nicht schön; klingt *aiei, oioi, euoi, hoioi* besser?!
Der Mangel an Wohllaut, der durch die Häufung der *i* im
Neugriechischen eintreten soll, wird reichlich wettgemacht dadurch,
dass die *ai-, oi-* und *au*-Laute ganz verschwinden, zumal da ja
ai nicht durch *i*, sondern durch *e* (oder *ä*), *au* durch *au*, *eu*
durch *eu* ersetzt wird. In zahllosen Fällen führt die neugriechische
Aussprache eine zweifellose Verbesserung des Klanges
gegen die Erasmische herbei. Ich überlasse dem Urteil jedes
gesunden Ohres, was besser klingt: *lieni* oder *laiainai*). *ie* oder
hoiai; ine oder *ainai; ironia* oder *aironaia; Platee* oder *Plataiai;*

---

*) Ich bezeichne in der Umschreibung ει und ευ durch *ai* und
oi, denn so und nicht anders werden sie in Deutschland gegesprochen.

Achäi oder *Achaioi; Thiwäi* oder *Tebaioi; limio* oder *loimoio; ewi* oder *oioi, Piräefs* oder *Pairaiois?* Die Liste könnte leicht einen Bogen stark gemacht werden.

Hat Demosthenes seine herrliche „Rede um den Kranz" wirklich mit solchen Tönen begonnen, wie:

O andres Atenaioi, tois teois oichomai pasi kai pasais,

oder nicht doch eher so:

O andres Athineï, tis theïs efchome passi ke passes?

Wie viele Übelklänge bei den Dichtern sich durch die Einführung der neugriechischen Aussprache beseitigen lassen, zeigt ein Vers wie

— — ὀῖ̣ῳαὶ δέ οἱ αἰεί *(ai de hoi aiai!)*

als Probe einer Sammlung, die sich für Homer allein auf mehrere hundert bringen ließe.

Ob der Satz des Aristoteles vom οἶα εἶναι δεῖ wirklich wie *hoia ainai dai* gesprochen wurde? Oder ob dies von irgend einem Menschen außer einem deutschen und holländischen Gymnasiallehrer für schöner gehalten wird als *ia ine di?* Mir haben musikalische Damen versichert, dass ihnen alle obigen Beispiele sehr ähnlich dem Wagnerschen *heia, jaheia, wagalawaia* klingen; und meine Freunde von der chinesischen Gesandtschaft in Berlin haben mir bestätigt, dass ihnen *kai hai, kai hoi, hoioi, toioi* u. s. w. heimatliche Klangerinnerungen hervorrufen.

Das alles soll kein Beweis sein; es soll nur die Erasmianer darüber belehren, dass die *hoioi*-Sprache nicht von allen menschlichen Ohren gleichmäßig beurteilt wird, und dass nicht alle Menschen so wohldisziplinirt und leichtgläubig sind, dass sie nach dem Befehl der Gymnasiallehrer die Pferdeaussprache des Griechischen für die wohllautendste halten.

Es ist überhaupt misslich, mit unseren Ohren zu Gericht zu sitzen über die richtige oder die vermeintliche Aussprache einer Sprache des Altertums. Selbst da, wo Erasmianer und Reuchlinianer übereinstimmen, dass ein Dichtervers wenig schön klingt, mögen die Alten gerade einen besonderen Wohllaut empfunden

haben. In einer der sonst herrlichsten Chorstellen im „Agamemnon" des Äschylos heißt es (Vers 69 ff.):

> Οὔθ᾽ ὑποκλαίων, οὔθ᾽ ὑπολείβων,
> Οὔτε δαχρύων, ἀπύρων ἱερῶν
> Ὀργὰς ἀτενεῖς παραθέλξει.

Das 5 malige ων so dicht hinter einander klingt uns nicht
schön (ich sage noch nicht: schlecht); ich vermute aber, Äschylos
und seine Hörer haben es besonders wirksam gefunden. Durch
die Erasmische Versbetonung wird übrigens das ων in vier Fällen
stark hervorgehoben, wo die neugriechische Betonung es tonlos
lässt und den Übelklang dadurch beträchtlich abschwächt.

Ließen sich die Erasmianer von einem Griechen Altgriechisch
vorsprechen, so würden sie bald merken, dass *i* nicht annähernd
so häufig gehört wird, wie sie sichs von Jugend auf haben einreden lassen, ohne es je selber zu prüfen.

Genaue Zählungen geben die Zahlenerklärung für das, was das
Gehör mit viel geringerer Mühe feststellen kann. Ich habe schon
gesagt (S. 44): das *i* ist im Altgriechischen nach griechischer Aussprache nicht häufiger als das *i* im Lateinischen. Fast könnte ich sagen: **griechisches ist seltener als lateinisches**; doch will ich die Ergebnisse noch um-
fangreicherer Zählungen abwarten, ehe ich solchen Schluss wage.
Sache von Feind wie Freund unter den Lesern mag es sein, diese
nicht unwichtige Frage der Beantwortung näher zu bringen durch
eigene Zählungen. Mit Hilfe der deutschen Primaner und Sekundaner lassen sich sämtliche griechische und römische Klassiker
in einer Stunde auf die Häufigkeit ihres *i*-Lautes untersuchen.
Ich glaube, die deutschen Primaner und Sekundaner vergeuden
manche Stunde mit wertloserer Beschäftigung.

Die Zählungen für Altgriechisch in neugriechischer Aussprache
(also *ι, η* [*η*], *ει, οι, υ, υι* — sämtlich für *i* gezählt) haben mir
ergeben:

Xenophons Anabasis, Buch I, Kapitel 1, § 1—8): 832
Vokale, davon 222 *i*, also 26,6 %;

Thukydides' Peloponnesischer Krieg, Buch I, Kapitel 1
und 2, und Buch II, Kapitel 54 (gewählt wegen des Orakels

mit λοιμός und λιμός: 1152 Vokale, davon 303 *i*, also 26,9 %;

Platons Verteidigung des Sokrates I und II; Phädon I; Sophist I*): 2128 Vokale, davon 551 *i*, also 25,8 %;

Demosthenes' Rede über den Frieden (§§ 1—6): 722 Vokale, davon 175 *i*, also 24,2 %;

Lysias' Rede gegen Nikomachos (§§ 1—6): 817 Vokale, davon 216 *i*, also 26,4 %;

Lukianos' Enypnion (Bekkersche Ausgabe, Band I, die ersten 53 Zeilen): 1007 Vokale, davon 270 *i*, also 26,8 %;

Sophokles' Ajax, die ersten 100 Verse: 1210 Vokale, davon 317 *i*, also 26,4 %;

Aeschylos' Perser (Beschreibung der Schlacht bei Salamis, Vers 353—432): 960 Silben, davon 258 *i*, also 26,8 %.

Das Gesamtergebnis der obigen Zählungen weist für das *i* im Altgriechischen eine Häufigkeit auf (bei 2312 *i* auf 8791 Vokale im ganzen) von: 26,2 %! Das will besagen: auf $26^1/_5$ mal *i* hört man $73^4/_5$ mal andere Vokale als *i*!

Folgende Tabelle lässt das Verhältnis noch klarer erscheinen:

Häufigkeit des	*a*	im	Sanskrit:	68,7 %;
"	"	*e*	" Deutschen:	42,8 %;
"	"	*e*	" Französischen	36,3 %;
"	"	*i*	" Lateinischen	27,6 %;
"	"	*i*	" Altgriechischen	

(nach neugriechischer Aussprache): 26,2 %.

So, ihr Erasmianer, jetzt geht hin und fahret fort mit eurem albernen Geschwätz über das „Vorherrschen des *i* im Neugriechischen"!

Die Philologen, welche vom Griechischen immer als der wohllautendsten Sprache der Welt reden — vielleicht mit Recht, — sollten auch folgende Tatsache nicht übersehen. Gewisse Einzelheiten der neugriechischen Aussprache verraten, selbst nach Ansicht der Erasmianer, ein sehr feines Gefühl für Wohllaut. Dahin

---

*) Das Procentverhältnis sinkt hier auf die sehr niedrige Zahl von 23,6 %.

gehört z. B. die Aussprache des τ nach ν wie d, die des π nach μ wie b, die des $\varkappa$ nach ν wie g. Nicht dass ich nt, nk und mp für Mistöne halte; aber das wird man zugeben: ein Volk, welches den Liquidae zuliebe seine Tenues in Mediae wandelt, sollte man nicht so schnell mit dem Vorwurf eines sprachlichen Barbarismus bedenken.

Auch muss ein Erasmianer zugestehen, dass es seltsam ist, mit welchem feinen Sinn für Wohllaut die Neugriechen die Häufung des ϑ-Lautes vermeiden, ganz ebenso und meist in denselben Fällen, wie die alten Griechen.

Endlich lehren uns unzählige Inschriften aus bester Zeit, vor und nach 403 v. Chr., dass vor Lippenlauten zu Anfang eines Wortes das Schluss-ν des vorangehenden Wortes sich fast regelmäßig in μ wandelte; so z. B. in: τὸμ πυϑμένα (Boeckhs Staatshaushaltung der Athener. 2. Aufl., II. S. 152).

Genau dasselbe findet im gesprochenen Neugriechisch überall statt; man spricht nur τὸν ϑεὸμ παρακαλεῖ, τὸμ πρῶτον, τὴμ πατρίδα.

Nachdem der ohne sein Verschulden zum Erasmianer erzogene Leser das alles sorgfältig erwogen, lerne er die neugriechische Aussprache, übe sie einige Monate praktisch, und wenn er danach immer noch die aiai- und hoioi-Sprache für wohllautender halten sollte, dann — begebe er sich zu einem tüchtigen Ohrenarzt. Philologen können dem nicht mehr helfen. Der Ohrenarzt wird ihm vielleicht einen Kur-Aufenthalt von 4 Wochen in Griechenland verordnen; ich wünsche: gute Genesung!

V.

Schrift und Laut.

Es gibt beneidenswerte Naturen unter den Philologen: sie ahnen garnicht die Schwierigkeiten einer zu lösenden Aufgabe; — und beneidenswert bis ans Ende: sie bilden sich ein, sie hätten sie gelöst, auch wenn sie nicht einmal den Inhalt der Aufgabe verstanden haben.

Herr Blass gehört zu jenen beneidenswerten Menschen. Er hat einen Kollegen in der prächtigen Lustspielfigur Molières: Sganarelle im „Arzt wider Willen". Zur Unterbrechung dieser langweiligen Arbeit schreibe ich aus einer der lustigsten Szenen (Akt II, Szene 6) ein Stücklein ab und verdeutsche es gleich. Der Charlatan Sganarelle spielt den Arzt und erzählt dem Vater einer stummen Tochter den Grund der Stummheit:

Sganarelle: Nichts leichter als das. Die Stummheit rührt her — vom Verlust der Sprache.*)

Géronte: Sehr schön. Aber bitte: die Ursache, durch welche sie die Sprache verloren?

Sganarelle: Alle unsere besten Schriftsteller werden Ihnen sagen, dass die Ursache in einer Hemmung der Tätigkeit der Zunge liegt.

Géronte: Ja, aber wie denken Sie sich diese Hemmung entstanden?

Sganarelle: Aristoteles sagt darüber — — sehr schöne Dinge.

---

*) Nach Onkel Bräsig rührt die Armut von der Povertät her.

Géronte: Kann ich mir denken.

Sganarelle: Oh, das war ein grosser Mann!

Géronte: Zweifelsohne — — —

— — Sganarelle: Verstehen Sie Latein?

Géronte: Keine Ahnung.

Sganarelle (plötzlich aufspringend): Sie verstehen kein Latein?! — *Cabricias arci thuram, catalamus, singulariter, nominativo, haec musa,* die Muse, *bonus, bona, bonum.*

— — Jacqueline (die Magd): Ach, welch ein geschickter Mann!

Man richtet an unsere philologischen Sganarelle die ernsten Fragen *): „Welchen Lautwert hatten die Schriftzeichen im alt-griechischen Alfabet?" — „In welchem Verhältnis stand Schrift und Sprache?" — „Haben die alten Griechen ein Mittel gehabt, mit ihren Schriftzeichen der Wiedergabe der Laute so nahe wie möglich zu kommen?" — „Wurden in alten Zeiten (d. h. im 5. Jahrhundert v. Chr.) in den Diphthongen die beiden ge-schriebenen Elemente auch wirklich gehört?" — — und wie die Umschreibungen alle lauten mögen der einen immer wieder-kehrenden Frage: „Wie wurden die altgriechischen Buch-staben ausgesprochen?"

Was antworten uns die von der Zunft für die berufensten gehaltenen Schriftsteller, — die *tous nos meilleurs auteurs* des Molière? — Herr Blass schreibt: „Die griechischen Zeichen sind nach ihrem ursprünglichen und vollen Wert auszusprechen." — „Die einfache und natürliche (?) Regel (?): schreibe wie du sprichst, ist niemals von Anfang an (!) ohne besondere Gründe verletzt worden". — „Die Griechen müssen ursprünglich (!) mit der Schrift dem wirklichen Laute so nahe als möglich (!) zu kommen gesucht (!) haben." — Und Georg Curtius — wahrlich, es tut mir weh, dass ich ihn in der Gesellschaft seh — schreibt in einer un-glücklichen Stunde: „Die Geschichte der Diphthongen beginnt (!) in der Regel (!) damit, dass die beiden geschriebenen Elemente auch wirklich gehört wurden."

Mir liegt viel daran, dem Leser die abgrundtiefe Unwissen-

---

*) Ich bitte für die Wiederholung aus dem I. Kapitel um Ent-schuldigung. Der Punkt ist so wichtig, so sehr der Brennpunkt der ganzen Untersuchung, dass in diesem Falle die Wiederholung ein berechtigtes Kampfmittel wird.

schaftlichkeit solcher Beweisführung so stark wie möglich einzuprägen. Was bei Curtins nur eine falsche Hypothese ist, das wird
bei Blass zum völligen Mangel an Logik. Das *rerum cognoscere
causas;* die Möglichkeit, den Zusammenhang zwischen einer Ursache
und einer Wirkung zu fassen, ist bei solchem Zustande des Denk-
vermögens ausgeschlossen.

Dieser Mangel an Logik beschränkt sich nicht bloß auf Philologen des Griechischen. Die Herren Lateiner wetteifern mit ihnen.
Corssen fängt sein preisgekröntes Riesenwerk über die lateinische
Aussprache mit den Worten an: „Da man die Aussprache einer
im Volksmunde nicht mehr lebenden Sprache nur aus der S c h r i f t ,
in der sie sich darstellt, zu erkennen vermag, so ist" — — u. s. w.

An diesen Unsinn C o r s s e n s knüpfe ich an, um zu untersuchen: wie es mit dem Zusammenhang zwischen Schrift und
Sprache, zwischen Alfabet und Einzellauten steht?

W e l c h e   M i t t e l   b e s i t z e n   w i r , u m   a u c h   n u r   e i n e
A h n u n g   v o n   d e r   A u s s p r a c h e   e i n e r   S p r a c h e , l e b e n d e n
w i e   t o t e n , z u   k r i e g e n ? — Die Schrift?! Was sagt mir ein
stummes Schriftzeichen? Wer, der z. B. ein stenografisches
Alfabet sieht, oder das Alfabet einer ihm völlig fremden Sprache,
ist im Stande, zu erraten, wie die Zeichen zu sprechen sind, wenn
sie nicht in der Reihenfolge eines ihm schon bekannten Alfabets
aufgeführt sind? — N i e m a n d , — es sei denn, dass es ihm
Einer sagt. — Und wer weiß es? — Der, dem es g e s a g t
wurde von einem, der es wusste. — Und so fort mit diesem
kindischen Frage- und Antwortspiel, dem ein sehr ernster Sinn
beiwohnt, — bis zu d e m Punkt, wo eine Schrift erfunden und
mündlich gelehrt wurde.

Es gibt garkein anderes Mittel. Die Schrift ist stumm, und
selbst das Verschlucken verzuckerter Buchstaben würde einem Kinde
oder einem Erwachsenen nicht die geringste Kenntnis vom Lautwert des Buchstaben beibringen, wenn nicht ein Lehrer dabei
stände und sagte: der Zuckerbuchstabe, den du eben verschluckt
hast, soll den Laut *a* oder *b* oder *tz* für das Auge darstellen.

Es ist toll genug, dass man solche Kinderfiebel-Weisheit
in einem Buch wie diesem vortragen muss; aber man m u s s !

M ü n d l i c h e   Ü b e r l i e f e r u n g   heißt der Schlüssel zur Kenntnis
der Aussprache irgend eines Alfabets. Bei Alfabeten lebender

Sprachen geben uns die Lebenden von der Aussprache Kunde; bei denen der toten berichten uns die Enkel, was sie von ihren Urahnen darüber vernommen. Ihr Lautgedächtnis kann die Enkel zuweilen im Stich lassen, oder ihre Sprachwerkzeuge können sich so geändert haben, dass sie wider Willen andere Laute als die ihrer Ahnen hervorbringen; aber wer den Enkeln nicht glauben will, — oder den Nachkommen guter Bekannter jener Ahnen —, der verzichtet auf jede Möglichkeit, auch nur ein fernes Echo der ursprünglichen Laute zu vernehmen.

Die Schrift ist stumm, ganz totenstumm. Ein *I* mit seinen drei Strichen, ein *E* mit seinen vieren sagen mir garnichts. Ihre Entzifferung würde schwieriger sein, als die der altegyptischen Hieroglyphen; sie würde vollkommen unmöglich sein, käme nicht irgendein Lebender und sagte uns: *I* wird so, und *E* so gesprochen. Sind *I* und *E* Buchstaben der Schrift einer toten Sprache oder früherer Jahrhunderte, so muss jemand kommen und sagen: mein Großvater hat mir erzählt, *I* und *E* wurden von seinem Großvater so und so gesprochen; der wird's wohl wieder von einem Großvater haben, und so rückwärts bis in Olims Zeiten.

Man liest in populären Darstellungen und in gelehrten Büchern: Champollion hat die Hieroglyphen entziffert. Ja, das hat er freilich getan; aber wer hat ihm gesagt, dass ein Zeichen gleich einem Gartenzaun ein *p*, ein Halbkreis mit seinem Durchmesser ein *t*, eine Knotenschlinge ein *u*, ein liegender Löwe ein *l*, ein Parallelogramm mit einer fehlenden Seite ein *m*, zwei Pflanzenblätter ein *i*, ein Zeichen wie eine Angel ein *s* bedeuten sollten? — Ein Grieche hat es ihm gesagt, ein Grieche aus der Zeit der Ptolemäer, welcher durch den Mund eines Zeitgenossen des Champollion diesem sagte: die griechische Übersetzung der Hieroglyphen-Inschrift auf dem S t e i n v o n R o s e t t e ist so und so auszusprechen, und der Königsname, der im Griechischen *Ptolemäos* lautet, wird durch die neben einander gestellten, von einem Ringe eingefassten, oben angedeuteten Hieroglyphen wiedergegeben. Hätte Champollion nicht die Aussprache des Griechischen gekannt, niemals hätte er eine einzige Hieroglyphe entziffert.

Einen überzeugenden Beleg für die Stummheit einer Schrift bei fehlender mündlicher Überlieferung liefern die Manuskripte der Maya-Sprache von Yucatan, deren eines sich in der Dresdener

Bibliothek befindet. Niemand vermag deren Zeichen zu deuten, geschweige ihre Aussprache anzugeben. — So trivial es klingt, wahr ist es dennoch: zum Lesen einer Schrift gehören zwei, einer, der sie lesen lehrt, und einer, der sie lesen lernt.

Alles, was selbst die Erasmianer von der wirklichen Aussprache des Griechischen wissen, sie wissen es nur durch lebendige Tradition: teils durch die Aussprache des lebenden Griechischen, teils durch die des im Italienischen überlieferten Lateins, teils durch einige dem Latein oder Griechischen entlehnte deutsche Wörter, teils durch die von den Juden vermittelten Laute des Hebräischen, — kurz, alles und jedes durch lebende Menschen oder durch lebendige Tradition. Wo sie von der Aussprache der Lebenden abweichen, da gibt es keine Tradition, sondern eine Erfindung; denn Tradition ist das nicht zu nennen, was zwischen dem Zeitalter des Perikles und dem Geburtsjahr der Erasmischen Aussprache eine Kluft von 2000 Jahren ohne jede Brücke lässt.

Durch philologische Künste allein lässt sich nicht einmal herausbringen, wie ein α auszusprechen ist. Das klingt paradox, ist aber volle Wahrheit. Dass in Ἀθῆναι der erste Buchstabe wie das deutsche a zu sprechen ist, wissen wir zum Teil, weil die heutigen Griechen dieses Zeichen so sprechen; zum Teil, weil die Römer in der Übersetzung Athenae den ersten Buchstaben so sprachen. Und dass sie es taten, schließen wir daraus, dass die Italiener und alle anderen Völker, welche von den Römern die Kenntnis vom Dasein des Namens und Dinges „Athen" empfangen haben, den ersten Buchstaben ihres Wortes dafür A nennen; denn auch die Engländer, die das A in Athens fast wie deutsches e sprechen, wissen durch Ohrenzeugnis der anderen Völker, dass lateinisches und griechisches A wie englisches a in last zu sprechen ist.

Sowie aber die mündliche Überlieferung fehlt, — gleich sind wir im Dunkeln. Wir wissen, wie α gewöhnlich ausgesprochen wurde, — d. h. wir wissen auch das nur annähernd; das α kann sehr wohl eine Klangfarbe gehabt haben, die es vom lateinischen, vom deutschen, ja vom neugriechischen a-Laut fein unterschied. Die Schrift gibt, mit Hilfe von Ohrenzeugen, eine Ahnung vergangener Laute; aber sie ersetzt nicht einen Phono-

graphen. — In gewissen Fällen aber wissen wir nicht einmal
annähernd den Laut des α, — denn durch nichts ist bewiesen,
vielmehr wird durch unzweifelhafte Gründe verneint, dass
ein und dasselbe Zeichen im Griechischen in einer bestimmten Zeit immer einen und denselben Laut dar-
stellte. So gut wie das O in den Inschriften vor 403 v. Chr.
nicht nur o, sondern auch ov; so gut wie E auf denselben In-
schriften nicht nur ε, sondern auch späteres $\varepsilon\iota$ und η vertritt,
so gut kann auch A bald wie a, bald wie etwas anderes ge-
sprochen worden sein. Ob das $\dot{\alpha}$, welches in der Krasis $\varkappa\dot{\alpha}\gamma\dot{\omega}$
(aus $\varkappa\alpha\dot\iota\ \dot{\varepsilon}\gamma\dot{\omega}$) geschrieben steht, auch wie a gesprochen wurde,
das weiß ich nicht, das weiß kein lebender Mensch zu sagen.
Ich spreche die schüchterne Vermutung aus, es möchte wie ie oder
je gesprochen worden sein (vgl. S. 6). — Die Möglichkeit,
dass auch η im Altgriechischen in gewissen Wörtern so, in
anderen anders gesprochen wurde, deute ich schon an dieser Stelle
an; ein Beweismittel dagegen gibt es nicht.

———

Man wird einwenden: sind denn nicht die Grammatiker
der alten Griechen eine Erkenntnisquelle? — Allerdings; aber
die trübste, die ich, außer den Schriften der Erasmianer,
kenne. Bei den griechischen, zum Teil auch bei den lateinischen
Grammatikern passiren eben dieselben Verwechselungen
zwischen Schriftzeichen und Laut, welche wir von Herrn
Blass und seinen Geistesbrüdern her kennen. Die Stellen bei
griechischen Grammatikern, aus denen eine unzweifelhafte Angabe
der Aussprache erhellt, lassen sich an fünf Fingern herzählen.
So hat man denn auch in dem bisherigen Kampf zwischen Erasmianern und Reuchlinianern dieselben Stellen bei den alten Grammatikern sowohl für als gegen ins Feld geführt.

Wie sollte es auch anders sein? Kann uns ein Grammatiker durch Beschreibung lehren, wie dieses oder jenes
Zeichen ausgesprochen wurde? Wenn das möglich wäre, so
könnte man ja aus einer Grammatik die wirkliche Aussprache
einer lebenden Sprache, z. B. die des Englischen, lernen. Und
in unseren Grammatiken werden doch wenigstens die Laute
der fremden Sprache immer mit denen unserer eigenen angedeutet;

davon ist bei den alten Grammatikern aus der Zeit der Alexandriner, und selbst später, noch keine Rede.

Dass man aber aus Beschreibungen — und auch solche finden sich in den alten griechischen Grammatikern — kein Tonbild bekommt, dafür gebe ich ein Beispiel aus Corssens Beschreibung der lateinischen Buchstaben. Welcher Laut ist der, welcher entsteht, „wenn der durch die Engen zwischen den Seitenrändern der Zunge und den Backzähnen sich hindurchdrängende Atem durch die leise zitternde Bewegung der weichen Zungenränder zwar nie augenblicklich völlig unterbrochen, aber doch periodisch mehr oder minder eingeengt und beschränkt wird, also in schwankender, oszillirender Stärke hervordringt, wobei die Stimmritze weit offen oder verengt sein kann" —? Was gilt die Wette, dass nicht ein einziger Leser errät, *l* sei gemeint!

Der Schrift allein aber dürfen wir selbst dann kein volles Vertrauen schenken zur Beurteilung der Aussprache, wenn wir den ungefähren Wert jedes Zeichens kennen. Wir werden im weiteren Verlauf sehen, wie in älteren Zuständen der Schrift ein und dasselbe Zeichen mehrere verschiedene Laute zugleich vertritt; in jüngeren Perioden mehrere Zeichen für einen und denselben Laut stehen.

Aber, sagt man, wir sind ja nicht auf das Zeugnis der griechischen Schrift, oder auf die altgriechischen und neugriechischen Grammatiker angewiesen; denn wir haben ja zeitgenössische Zeugen in der Aussprache anderer Völker. Da ist zunächst das Lateinische mit seinen zahlreichen Wörtern und Eigennamen aus dem Griechischen: das muss uns doch einigen Aufschluss geben.

Vorsicht, große Vorsicht! Gewiss könnte uns das Lateinische auf den richtigen Weg leiten, wüssten wir nur, wie — das Lateinische von den Römern ausgesprochen wurde. Zwar so vollständig wie beim Griechischen gehen die Meinungen der Philologen beim Latein nicht auseinander, weil sie sich hier im wesentlichen auf die mündliche Überlieferung durch die Italiener und die anderen modernen Völker stützen. Aber Streitfragen gibt es auch bezüglich des Lateinischen genug. Wie wurde *c* vor *e* und *i* gesprochen? — Wie *oe*? — Wie *ae*? — Wie langes *e*? — Wie *g* vor *e* und *i*? — Wurde das *h* gehört?

Wie hat man sich die Übertragung griechischer Wörter ins Lateinische zu denken? Auf sehr verschiedene Weise; just so wie heute Fremdwörter unserm Laut- und Schriftsystem eingefügt werden. Die Römer haben einmal griechische Wörter einfach schriftähnlich übertragen, unbekümmert um die Aussprache. Die gebildeten Römer sprachen ein solches Wort auf griechische, die ungebildeten auf römische Art aus. — Oder es wurden bei der Aufnahme des Fremdwortes kleine Schriftänderungen vorgenommen, vielleicht um die lateinische Aussprache zu erleichtern: so beim Wandel von *οι* in *oe*. — Endlich wurde eine reinlautliche Übertragung vorgenommen, unbekümmert um die griechische Orthographie: so beim Wandel von *ει* in *i*.

Es folgt hieraus, dass man nicht ohne weiteres lateinische Wörter griechischen Ursprunges oder griechische Wörter lateinischen Ursprungs zum Beweise benutzen darf. Freilich bei Namen, welche in der ganzen römischen und griechischen Welt bekannt waren, ist wohl anzunehmen, dass die phonetische Schreibweise gewählt wurde. So halte ich z. B. *Καῖσαρ* und *Caesar* für einander in der Aussprache deckende Wörter.

Die Kenntnis der griechischen Aussprache kann durch die lateinische gefördert werden; aber nur insoweit diese unbezweifelt feststeht. In allen Fällen, in welchen die neugriechische Aussprache von der vermeintlichen lateinischen abweicht, ist jener als der direkt überlieferten und lebenden vor dieser als der ungewissen und toten der Vorrang der Glaubwürdigkeit zu geben. Der Vergleich mit dem Lateinischen erinnert mich an eine Diophantische Gleichung mit zwei Unbekannten. Der Ansatz muss etwa lauten:

G (griechische Schrift): x (griechische Aussprache) $= L$ (lateinische Schrift): y (lateinische Aussprache);

daraus ergibt sich:

$$x = \frac{Gy}{L},$$
$$y = \frac{xL}{G}.$$

Viel wird auch der größte Mathematiker mit einer solchen Formel nicht anzufangen wissen. Das Wesen der Diophantischen

Gleichungen besteht ja darin, dass sie nie ein einziges Fazit an-
geben, sondern eine Menge verschiedener, von einander abhängiger.

Nehmen wir aber aus der lateinischen Aussprache alles das
zu Hilfe, was leidlich unbestritten ist, so ergibt sich der beachtens-
werte Umstand, dass fast in allen Fällen neugriechische und gut-
überlieferte lateinische Aussprache übereinstimmt. Die Erasmianer
beuten dies auch zur Unterstützung ihrer Aussprache nach Möglichkeit und über Möglichkeit aus. Sie beweisen z. B. daraus dass η
häufig durch lateinisches *e* schriftlich wiedergegeben wurde: dass η
wie *e* gesprochen wurde; nur übersehen sie dabei, dass der Laut
des lateinischen langen *e* nichts weniger als feststeht. Dagegen
sprechen sie selbst unbekümmert das *ae* in *Caesar* wie deutsches
ä, das *i* in *Phidias* wie deutsches *i*; weigern sich aber standhaft,
den Beweis des Lateinischen zuzulassen für *Caesar* $=$ *Καῖσαϱ*:
Phidias $=$ *Φειδίας*.

Gewiss, sie können einwenden: das Lateinische ist doch kein
Beweis für die Aussprache des Griechischen im fünften Jahrhundert v. Chr., denn alles, was wir an lateinischen Quellen besitzen, reicht kaum bis ins dritte Jahrhundert zurück, und vollends
die lateinischen Schriftsteller kaum bis ins zweite. — Vollkommen
zugegeben; aber dann bleibe man entweder ganz mit dem Latein
zu Hause, und das wäre das Beste; — oder man lasse alles neben
einander gelten, das *ae* $=$ *αι*, das *i* $=$ *ει*, wie das angebliche
e $=$ *η*.

Freilich, die Wahrscheinlichkeit wächst, je größer die Zahl
der Zeugen, selbst der nicht ganz unverdächtigen. Solange ich
für die Aussprache des lateinischen *ae* keine völlige Sicherheit
habe, kann ich nur sagen: *ae* wahrscheinlich $=$ *αι*. Zeigt sich
nun, dass *αι* auch im Hebräischen meist durch ein Zeichen
wiedergegeben wurde, welches von den lebenden Juden wie *e*
gesprochen wird, so ist *αι* schon sehr wahrscheinlich ein *e*-Laut
gewesen, wenigstens um die Zeit, da die Hebräer griechische
Wörter übersetzten. — Das Gothische kann man unberück-
sichtigt lassen, denn auf die Aussprache des Griechischen im Zeitalter des Ulfilas kommt es uns hier nicht an. Dass aber das
Gothische fast durchweg mit der neugriechischen Aussprache zu-
sammenfällt, darf ich bei Philologen als bekannt voraussetzen.

Uebrigens so ganz gleichgiltig ist das Lateinische mit seinen verhältnismäßig jungen Quellen doch nicht für unsere Frage. Wenn es gelingt, einen hohen Grad von Wahrscheinlichkeit zu beweisen für das Vorhandensein einer der neugriechischen ganz ähnlichen Aussprache des Altgriechischen zur Zeit des Cicero oder des Augustus, so haben wir damit bewiesen: das Alter der neugriechischen Aussprache beträgt mindestens 1900 Jahre. Ich meine, der Respekt vor einer solchen Aussprache muss dadurch ein ganz anderer werden, und die Ansicht muss sich Bahn brechen: es ist höchst unwahrscheinlich, dass eine Aussprache sich zwar in der Zeit von Perikles bis Augustus vollkommen geändert habe, dagegen von Augustus bis heute nahezu unwandelbar geblieben sei.

Die Erasmianer hantiren gegenüber diesem Dilemma, wie gewöhnlich, mit allgemeinen Redensarten; erzählen uns von dem Sinken des attischen Geistes, von der Sittenverderbnis der römisch-griechischen Zeit, von der Nichtsnutzigkeit der Byzantiner, u. dergl. mehr. Nun sehe ich aber keinen notwendigen Zusammenhang zwischen Sittenverderbnis oder Byzantinismus — und Änderung der Aussprache. Die Erasmianer spielen eben mit dem Wort „Verderbnis" und vergessen, dass man sehr wohl *fel in corde,* dagegen *mel in ore* haben kann.

So ganz sind also die Beweise, hergenommen aus der Übereinstimmung der griechischen mit der lateinischen Aussprache aus der Zeit um Jesus Christus, nicht zu verwerfen. Hätte das Griechische die Neigung zur Verderbnis der Aussprache gehabt, — nun, in den fürchterlichen Stürmen, die vor und seit dem frühen Mittelalter bis auf unserer Väter Tage über das arme Hellenenvolk hingebraust sind, hätte manche andere Sprache kaum einen Laut ihrer Urahnen, geschweige denn fast das ganze Heiligtum der Sprache so treu bewahrt, wie die Griechen das unbestritten seit weit mehr als tausend Jahren getan haben.

Ja, wimmelte Neugriechisch wirklich so von slawischen oder sonstigen Fremdwörtern, wie Unkundige sich das einbilden. Wäre es auch nur eine solche Mischsprache, wie das Englische, mit altem nationalen Kern und neuer fremder Schale. Vielleicht — aber auch nur vielleicht — könnte man dann sagen: so gut wie das Griechische sich mit Fremdwörtern überladen hat, wird es auch Fremdlaute aufgenommen haben. Nun ist aber das

Neugriechische, auch das des „geringsten Griechen“, wie Ernst Curtius sagt (vgl. S. 2), von allen mir bekannten Sprachen Europas die an Fremdwörtern ärmste. Am wenigsten hat es deren aus dem Slawischen entlehnt. Dass weder von einem lautlichen, noch von einem formalen oder syntaktischen Einfluss des Slawischen auf das Neugriechische die Rede sein kann, hat Franz Miklosich, der größte Kenner slawischer Sprachen, nachgewiesen. Gerade er ist deshalb auch der entschiedenste Widersacher Fallmerayers gewesen, — er der Slawe! An unzweifelhaft slawischen Wörtern hat Miklosich im Neugriechischen nur acht nachgewiesen; drei derselben sind seitdem des griechischen Ursprungs verdächtig geworden.

Den Überflutungen durch Römer, Avaren, Hunnen, Gothen, Bulgaren, Franzosen, Belgier, Italiener, Türken hätte also das Griechische, auch nach Ansicht der Erasmianer, 18—1900 Jahre hindurch siegreich widerstanden, auch in seiner Aussprache; — nur vom 5. oder 4. Jahrhundert v. Chr. bis um die Zeit Christi hätte es sich, wenigstens in der Aussprache, ohne irgend einen zwingenden Grund vom *ai* zum *ä*, vom *oi* zum *i*, vom *eu* zum *ej* u. s. w. umgewandelt!

Aus den orthographischen Streitigkeiten unserer Tage um die eigene Muttersprache sind jedermann die Wörter „historische Orthographie“, „phonetische Orthographie“ geläufig. Leider stellen sich nicht immer mit den Wörtern auch deutliche Begriffe ein. So erleben wir, dass in dem Streit zwischen Erasmianern und Reuchlinianern ein heilloser Unfug mit dem Begriff „phonetische Orthographie“ getrieben wird. Die Erasmianer z. B. meinen: *ai* für deutsches *ä* zu schreiben, das sei nicht phonetisch, sondern historisch. Diesen Leuten muss man wirklich die Anfangsgründe der Schriftkunde erst beibringen, ehe man sich mit ihnen weiter unterhalten kann.

Phonetisch ist jede Orthographie, welche denselben Laut immer durch dasselbe Zeichen wiedergibt, — gleichviel durch welches, ob durch ein einfaches oder ein zusammengesetztes. Wenn die Franzosen ihren *ä*-Laut immer nur durch *ai* bezeichneten und nicht durch ein Dutzend andrer Buchstaben und

Buchstabengruppen, so wäre jene Bezeichnung eine streng phonetische, obgleich *ai* aus zwei Zeichen zusammengesetzt ist. Wenn nur dafür gesorgt ist, dass *ai* nie etwas anderes als *ä* bedeuten kann.

Das deutsche *ch* wäre die phonetische Bezeichnung für den Kehllaut in „*ach*“, trotz seiner Zusammensetzung aus *c* und *h*, — wenn es nur nicht zugleich für den palatalen Laut (z. B. in „*ich*“) diente. Dagegen ist *au* im Deutschen phonetische Schreibweise, *eu* desgleichen, ebenso *ei*, denn sie haben stets denselben Laut.

Ich habe diese schülerhaften Dinge vorausgeschickt, weil ich mich jetzt zum Angriff auf den Hauptgrund der Erasmianer, gleichfalls einen schülerhaften, wende.

Sie sagen nämlich mit jener Beherztheit, welche nur der Gedankenlosigkeit möglich ist: das ist doch klar — oder einfach und natürlich —, dass man „im Anfang“ „phonetisch“, und erst später „historisch“ geschrieben hat. — Ich betone wiederholt, wie töricht solche Wendung wie „im Anfang“ ist, denn vom wirklichen Anfang einer Schrift wissen wir nirgends das Mindeste. Die Erasmianer nämlich verstehen kreuz und quer durcheinander unter „Anfang“: den allerersten Anfang der griechischen Schrift, also etwa unter Held Kadmus, — oder auch, je nachdem es ihnen passt —: das 5. Jahrhundert im Gegensatz zu den folgenden.

Ferner verstehen sie unter „phonetischer Schreibweise“ nur eine solche, die jeden Laut durch ein Zeichen wiedergibt; sie lehnen deshalb ein *αι* für *ä*, ein *ει* für *i* ab, haben indessen gegen *αυ* für ihr *au*, gegen *ευ* für ihr *eu*, ja gegen *ου* für *u* nichts einzuwenden.

Ausgehend von solchen schriftwissenschaftlichen Voraussetzungen kommen sie zu ihrem höchsten Trumpf, von dem sie sich gar nicht vorstellen können, dass er eine wertlose, gefälschte Karte ist. Er sieht so aus (immer wörtlich nach Blass, dem angesehensten Vertreter der Erasmianer):

— — „Die einfache (?) und natürliche (?) Regel (?): schreibe wie du sprichst, ist niemals ‚von Anfang an‘ (?) ohne besondere Gründe verletzt worden.“

— — „Da nun die Altgriechen (welches Jahrhunderts?)

keine Rücksicht (?) auf eine vorausgehende, höher gebildete (?) Sprache zu nehmen hatten, so müssen (!) sie ursprünglich (!) mit der Schrift dem wirklichen Laute so nahe als möglich (!) zu kommen gesucht (!) haben."

— — „Außerdem aber hatten die Athener (des 5. Jahrhunderts!) noch keine Grammatiker und Etymologen, die eine historische Schreibweise hätten herbeiführen können*): kein anderes Prinzip als das phonetische konnte gelten."

Da haben wir die Herrlichkeit in einer Zeile: „Kein anderes Prinzip als das phonetische konnte gelten." Es ist ja „die einfache und natürliche Regel" und die ist „niemals ohne zwingende Gründe verletzt worden."

„Schreibe wie du sprichst!" — Ja, das ist leicht gefordert, sehr schwer geleistet. Ist es wahr, dass die Schrift „ursprünglich" bei den Völkern phonetisch ist? Ist es in Sonderheit wahr, dass die Schrift der alten Griechen phonetisch gewesen, gleichviel ob der Griechen des 5. Jahrhunderts oder der noch früheren? Gibt es überhaupt irgend ein Volk, altes oder junges, welches im Besitz einer phonetischen Schrift wäre?

Alle diese Fragen sind mit einem entschiedenen Nein! zu beantworten. Und da spricht solch ein Oberflächling von „einfacher und natürlicher Regel" wie von etwas ganz Selbstverständlichem, des Beweises gar nicht Bedürfendem!

Dass es noch heute kein einziges Volk gibt, welches eine phonetische Orthographie besitzt, weiß Jeder, der fremde Sprachen kennt. Das Deutsche ist zwar nicht so „unphonetisch" wie Englisch und Französisch; aber trotz Puttkamer, zum Teil sogar wegen, ist es von der Phonetik noch sehr weit entfernt. An das eine *ch* für die so verschiedenen Laute in *ach* und *ich* habe ich schon erinnert. Wir schreiben in zahllosen Wörtern am Ende ein *b, d, g,* sprechen aber deutlich *p, t, k.* Wir schreiben *ck* und sprechen kein *c*; schreiben *qu* und sprechen *kw*; schreiben

---

*) Dass eine „historische Schreibweise" überhaupt nicht von Grammatikern etc. „herbeigeführt" wird, sondern von selber dadurch entsteht, dass die Aussprache sich ändert, während die alte Orthographie bleibt, bedarf keines Beweises.

ie oder *ieh*, sprechen *i*. Wir lassen in der Mehrzahl der Fälle
den Unterschied zwischen kurzen und langen Vokalen unbe-
zeichnet; schreiben noch immer manches sinn- und lautlose *h*;
unterscheiden in der Aussprache nicht zwischen kurz *ä* und *e*;
schreiben „*willst*", aber „*Wulst*", obwohl der *l*-Laut in beiden
der nämliche ist, u. s. w., u. s. w. — Ich sehe schon die Erasmianer des 39. Jahrhunderts an der Arbeit, die vom Deutschen
des 19. Jahrhunderts behaupten werden: damals, „im Anfang",
wurde jedenfalls das Deutsche phonetisch gesprochen, denn die
„einfache und natürliche Regel: ‚schreibe wie du sprichst', ist
niemals von Anfang an ohne besondere Gründe verletzt worden."
Das 19. Jahrhundert wird für die Blass des 39. ebenso der
„Anfang" sein, wie für die jetzigen Blass das 5. Jahrhundert
v. Chr. im Vergleich zum 16. n. Chr. Von den „besonderen
Gründen", die uns heute zur nichtphonetischen Orthographie
zwingen, wird der Blass des 39. Jahrhunderts so wenig ahnen,
wie der des 19.

Die Erasmianer denken sich die alten Griechen, überhaupt die
alten Völker, ungefähr wie jener mecklenburgische Bauer den
Entdecker Amerikas. „Sag mal, Columbus," spricht zu diesem
der König von Spanien, „möchtest du wohl mal Amerika entdecken?" — „I, das möcht' ich wohl." Sprach's, segelte übers
Meer zu den Negern, und als die ihn landen sahen, fragten sie
ihn: „Bist du Columbus?" — „Freilich." — „Na dann hilft uns
alles nichts, dann sind wir wohl endlich entdeckt."

Nach diesen Männern der Wissenschaft haben nämlich die
alten Griechen eines schönen Tages mit unbewölktem Zeus sich
hingesetzt und gesagt: jetzt wollen wir mal eine Schrift entdecken, und wenn wir bis nach Mitternacht aufbleiben müssten.
So gesagt, so getan. Sie machten sich ans Werk und überlegten
dabei: wollen wir die Schrift historisch oder phonetisch machen?
Da sie aber „im Anfang" der griechischen Dinge standen, also
noch gar keine Historie hatten, — so in der Gegend von Deu-
kalion und Pyrrha —, so entschieden sie sich für das phonetische
Prinzip, damit Herr Blass im Jahre 1870 schreiben könnte: „Kein
anderes Prinzip als das phonetische konnte gelten." — „Schreibe,
wie du sprichst," sagte der Eine zum Andern und hörte gar
nicht darauf, als dieser Andere ihm erwiderte: „Freund, Du ver-

gissest, dass wir ,im Anfang' stehen; da kann man doch eigentlich gar nicht verlangen, dass wir genau wissen, wie wir sprechen."

Um ernsthaft zu werden —: es lässt sich der unumstößliche Beweis führen, dass die ältesten Schriften, die wir kennen, durchaus nicht phonetisch sind, sondern gerade alle Merkmale dessen aufweisen, was man „historische", besser: „lautwidrige" Schrift nennt. Das scheint auf den ersten Blick sehr verwunderlich; die Tatsachen aber zwingen, es zu glauben, und einiges Nachdenken bringt auch dazu, zu begreifen, warum es so sein muss.

Von solchen Schriften wie die chinesische will ich nicht sprechen; denn die machen gar keinen Versuch, trotz ihrem hohen Alter, phonetisch zu sein. Aber zeigen kann selbst das Chinesische, was denn überhaupt die Schrift im Verhältnis zur Sprache ist. Jede Schrift ist nur ein Versuch, die menschliche Sprache annähernd in „sichtbare Laute" zu verwandeln. Dieser Versuch gelingt von Jahrtausend zu Jahrtausend besser; aber von den ältesten Völkern zu verlangen, dass sie die außerordentlich feine Beobachtung und Abstraktion besaßen, die zur Unterscheidung aller Laute der Sprache nötig ist, das ist mehr, als sie nach dem Zeugnis der Tatsachen leisten konnten. Heutzutage, wo man mit sechs Jahren buchstabiren lernt, vergisst man leicht, welche geistige Riesenarbeit während vieler Jahrtausende, wenn nicht Jahrzehntausende vom Menschengeschlecht vollbracht werden musste, ehe es einem oder einigen zuerst gelang, ein Wort in seine einzelnen Töne zu zerlegen und sich über deren besondere Natur Rechenschaft zu geben. Und als man nach abermals Jahrtausenden versuchte, die Töne durch Zeichen festzuhalten, wie viele Töne mögen da wohl „im Anfang" auf ein Zeichen gekommen sein! Und da sprechen solche Banausen der Wissenschaft von einer „einfachen und natürlichen Regel: schreibe wie du sprichst"!

Zunächst vergessen die Erasmianer, welche von den Anfängen der Schrift, speziell von denen der griechischen, strenge Phonetik voraussetzen, — nicht etwa beweisen —, dass ein Volk weder in den Anfängen noch in der Krönung der Kultur

das dringende Bedürfnis eines phonetischen Alfabets fühlt. Wozu denn? Es schreibt ja doch für sich, nicht für die Philologen,
die man nach zwei Jahrtausenden aus dem Lande der Barbaren
in seine Heimat schicken wird, damit sie seine alten Inschriften
entziffern. Seine Sprache besteht vielleicht aus 30—40 Lauten;
aber es ist sehr froh, wenn es sie alle in rohester Weise durch
12 oder 16 Zeichen annähernd dem Auge andeutet, — denn
mehr als ein Andeuten ist gar nicht nötig zum Verständnis für
den, welcher die Sprache, und nur die eine, von Jugend auf gehört hat. Wollte das Deutsche alle seine Laute durch besondere
Zeichen — verschieden z. B. für kurze und lange Vokale —
wiedergeben, nicht 50 Buchstaben eines Alfabets würden hin-
reichen.

Je älter eine Schrift, desto weniger phonetisch. Sie muss
es sein in dem Maße, als sie bei gleicher oder ähnlicher Lautfülle, wie in den neueren Sprachen, weniger
Zeichen besitzt. Die althebräische Schrift kennt gar keine Zeichen
für die Vokale! Was mögen die Erasmianer von der „natürlichen
und einfachen Regel: schreibe wie du sprichst“ — bei den
Hebräern halten? Diesen aber genügte die vokallose Schrift vor
Jahrtausenden vollkommen, denn damals sprachen die Juden noch
alle Hebräisch und nur Hebräisch. Erst im Exil, als die Kenntnis des Hebräischen als einer Muttersprache sich verlor, als es
eine Sprache wurde, die neben einer andern gesprochen oder
doch gelehrt wurde, da begriff man die Notwendigkeit der Erfindung von Vokalzeichen. Aber noch heute gibt es gelehrte
Juden allenthalben, welche vermöge ihrer genauen Kenntnis des
Hebräischen der Vokalbezeichnung ganz entbehren können.

Nicht ganz so schlimm wie im Hebräischen, aber schlimm
genug steht es mit dem Griechischen, je mehr wir uns dem „Anfang“ nähern. Ich kann nicht ohne wissenschaftlichen Ingrimm
daran denken, dass deutsche Philologen eine solche Behauptung
wagen können wie die von der Phonetik „im Anfang“, während
sie doch wissen, dass das älteste uns bekannte Alfabet der
Griechen dürftiger ist als irgend ein späteres, dürftiger als das
eines anderen Volkes! Nach Plinius und Tacitus hatten die
Griechen ursprünglich nur sechzehn Zeichen (anstatt der
späteren 24): nach Aristoteles (von Plinius zitirt): achtzehn.

Und dennoch sollen sie mit den 16 oder 18 Buchstaben phonetischer gewesen sein als mit den nachmaligen 24!!

Die Erasmianer und ihre Untergattung: die Blassianer,
scheinen nie eine altgriechische Inschrift oder auch nur ein
Facsimile gesehen zu haben. Welche „besonderen Gründe" mögen
wohl die Zeitgenossen des Perikles bewogen haben, bis zum Jahre
403 von der nach Blass so „einfachen und natürlichen Regel:
schreibe wie du sprichst" so merkwürdig abzuweichen, wie etwa
in folgender Inschrift:*)

$$[T\acute{\alpha}\delta\varepsilon\ A]\ \Theta ENAI[o\iota\sigma\iota\nu\ etc.]\ -\ -\ -\ [\tau\varepsilon\tau\text{-}]$$
$$APTE\Sigma\ APXE\Sigma\ HEI;$$

und weiterhin, ebenda:

$$E\Pi I\ TE\Sigma\ BO\Lambda E\Sigma;$$

und noch etwas tiefer:

$$\Pi APA\ TAMION,$$

d. h. zu schreiben statt $\vec{A}\vartheta\eta\nu\alpha\acute{\iota}o\iota\sigma\iota\nu$: $\vec{A}\vartheta\varepsilon\nu\alpha\acute{\iota}o\iota\sigma\iota\nu$; statt $\tau\varepsilon\tau\acute{\alpha}\varrho\tau\eta\varsigma$
$\grave{\alpha}\varrho\chi\tilde{\eta}\varsigma$: $\tau\varepsilon\tau\acute{\alpha}\varrho\tau\varepsilon\varsigma\ \grave{\alpha}\varrho\chi\tilde{\varepsilon}\varsigma$; statt: $\tilde{\hat{\eta}}$ oder $\tilde{\vec{\iota}}$: $\tilde{\grave{\varepsilon}}$; statt $\tau\tilde{\eta}\varsigma\ \beta ov\lambda\tilde{\eta}\varsigma$:
$\tau\tilde{\eta}\varsigma\ \beta o\lambda\tilde{\eta}\varsigma$; statt $\tau\alpha\mu\iota\tilde{\omega}\nu$: $\tau\alpha\mu\iota\tilde{o}\nu$?

Ob die Erasmianer wohl die „besonderen Gründe" ahnen,
welche die Griechen der besten, der Perikleischen Zeit zwangen,
die von den Erasmianern erdichtete „einfache und natürliche
Regel" zu verletzen und nicht den geringsten Unterschied zu
machen zwischen der Bezeichnung von ε und η, von o und ω,
ja sogar von o und ov? Ob sie den für die Perikleische Zeit
so überaus beschämenden Grund ahnen: die Armut an Zeichen?
Ob sie es je den Griechen des 5. Jahrhunderts verzeihen werden,
dass die es für wichtiger hielten, erst das Parthenon, Erechtheion,
die Propyläen, den Tempel von Olympia und zehntausend andere
große und kleine Kunstwerke zu schaffen, und dann zu den vollkommen ausreichenden 16 oder 18 Buchstaben noch 8 oder 6

---

*) Aus Boeckhs „Staatshaushaltung der Athener", II. Auflage,
Band II, Seite 336. — Ich zitiere möglichst solche Bücher, die jedem
Lehrer zugänglich sind, und werde nur in seltenen Fällen auf
seltene Quellen zurückgreifen.

hinzu zu erfinden? — Sie waren wirklich „klassisch" diese Griechen des 5. Jahrhunderts: sie kümmerten sich nicht so viel um Phonetik und haben mit der dürftigsten Orthographie von der Welt uns den „Prometheus" des Äschylos und die „Antigone" des Sophokles geschenkt.

Sehen wir nun die Schrift auf den Urkunden des 5. Jahrhunderts so wenig phonetisch, so dürftig, — was mag sie gewesen sein in den vielen Jahrhunderten zwischen ihrer Einführung in den Gebrauch und der Perikleischen Zeit! Mehr Zeichen wird sie schwerlich gehabt haben als im 5. Jahrhundert; mit jedem Zeichen weniger muss ihre Möglichkeit, phonetisch zu sein, geringer gewesen sein.

Wie denkt man sich denn überhaupt die Einführung der Schrift in Griechenland? Bekannt ist ihre Herkunft von den Phöniziern. Ob die Griechen vor jener Einführung — die wann stattfand? — gar keine eigene Schrift besessen haben? Ob nicht die Einführung der phönizischen Schrift so geschah, dass die Phönizier mit den Zeichen ihrer semitischen Muttersprache die von ihren eigenen gewiss recht verschiedenen Laute der griechischen Sprache annähernd wiederzugeben versuchten, — und dass diese Wiedergabe allmählich von den Griechen zu der ihrigen gemacht wurde?! Ich habe mir Mühe gegeben, mir eine andere Art der Einführung der phönizischen Schriftzeichen ins Griechische zu denken; — ich finde keine. Nun stelle man sich einmal die „Phonetik" vor, die bei einer solchen Übertragung phönizischer Lautzeichen auf griechische Laute nach dem Gehör der Phönizier entstehen musste!

Die griechische Schrift ist so wenig wie irgend eine andere jemals eine phonetische gewesen, d. h. so weit unsere Inschriftenkunde reicht. Je weiter zurück, desto weniger phonetisch erscheint sie. Selbst das, was man fälschlich als eine große Orthographiereform hinstellt: die Einführung einiger neuer Zeichen unter dem Archon Euklides (403 v. Chr.), — es hat die griechische Schrift noch lange nicht zu einer phonetischen gemacht.

Betrachten wir die griechische Schrift vor wie nach 403, so sehen wir zu unserem Erstaunen, dass sie die meisten der Mängel besitzt, welche die heutigen Orthographiereformer am Deutschen oder am Englischen tadeln:

1. Die neueren Sprachen unterscheiden in der Schrift selten zwischen langen und kurzen Vokalen; die altgriechische Schrift vor 403 unterscheidet gar nicht, nach 403 nur mangelhaft.

2. Ein und dasselbe Zeichen steht für mehrere ganz verschiedene Laute, und zwar in der älteren Schrift häufiger als in der jüngeren. Das γ wird nicht immer wie g gesprochen; es lautet vor Kehllauten wie n. — Das o steht zugleich für ω, aber auch für das der ältesten Schrift fehlende ov. — Das ε vertritt vor 403 zugleich η und $\varepsilon\iota$.

3. Es gibt Zeichen, die gar nicht gesprochen werden; so das später *Iota subscriptum* genannte, auf den Inschriften als gleichberechtigtes I geschriebene Iota, welches selbst die Erasmianer stumm sein lassen. — Dass auch das späterem *Spiritus asper* entsprechende H schon in der Zeit vor 403 stumm gewesen sein muss, wird später gezeigt werden.

4. Die Erasmianer schmücken die altgriechische Orthographie noch mit einem anderen Gebrechen, welches meines Wissens in keiner europäischen Schrift vorkommt: sie lassen die Griechen ein Zeichen aussprechen, welches gar nicht geschrieben wurde: das H in der Zeit bald nach 403, d. h. nach seiner ausdrücklichen Abschaffung durch Volksbeschluss.

Mit diesem Volksbeschluss unter dem Archon Euklides wird von den Erasmianern ein gewaltiger Hokuspokus getrieben. Sie lieben es, die Sache ungefähr so darzustellen, als habe ums Jahr 403 eine Kommission von Puttkamerschen Orthographiereformern getagt, welche alsdann eine vollständige Umwandlung der bisherigen Schreibweise vorgenommen habe, und zwar geleitet von dem Prinzip: möglichst phonetisch zu verfahren.

Was ist die Wahrheit in dieser Sache? Um 403 werden zur Bereicherung des attischen Alfabets einige Zeichen des ionischen eingeführt, resp. es wird ein längst als überflüssig erkanntes Zeichen des attischen Alfabets — das H, in den Fällen, wo jetzt *Spiritus asper* steht — nützlicher verwendet, nämlich zur Unterscheidung von ε und η, die also einer solchen Unterscheidung recht dringend bedurft haben müssen. Das ist fast die ganze große „Orthographiereform". In der Schreibweise z. B. von $\alpha\iota$, $o\iota$, $\varepsilon\upsilon$, $\alpha\upsilon$, in der von $\gamma\gamma$ statt $\nu\gamma$, in der Anwendung des stummen Iota des Dativs hat sich gar nichts geändert. Und

da schreibt Curtius (S. 21): „Wenn eine orthographische Neuerung
einmal Eingang findet, so ist es doch von vornherein (!) wahrscheinlich, dass sie im ganzen der lebendigen Sprache nahe
kommt." — Und: „Es ist durchaus zu vermuten, dass das neue
Alfabet (?) uns überhaupt im ganzen ein Bild der Sprache liefert,
wie sie damals in Attika geredet wurde." — Als verständiger
Mann fügt Curtius hinzu: „Freilich bleiben manche Schwierigkeiten
übrig."

Das ist's eben. „Überhaupt im ganzen" mag die Schrift
ein Bild der damals geredeten Sprache gewesen sein; aber der
Streit dreht sich ja eben nicht um das Ganze, sondern um gewisse Einzelheiten. Im ganzen mag die attische Schrift nach
403 leidlich phonetisch gewesen sein; in Einzelheiten war sie so
historisch, wie nur in irgend einer der modernsten europäischen
Sprachen.

Blass faselt davon, dass „die Altgriechen keine Rücksicht
auf eine vorausgehende, höher gebildete Sprache zu nehmen
hatten." Aber hatten denn die Griechen vor 403, d. h. Perikles
und seine Zeitgenossen, nicht auch Griechisch gesprochen? Hatte
nicht Äschylos in griechischer Sprache gedichtet? Nicht Hesiod
und Homer griechisch gesungen? Und auf all das sollten die
sogenannten Orthographiereformer gar keine Rücksicht genommen
haben?!

Die Alten hatten bei einer etwaigen Orthographieänderung
viel größere Rücksichten zu nehmen, als irgend welche Modernen.
Heute verfügt irgend ein Puttkamer: fortan wird statt „Thier"
und „thun" geschrieben: „Tier" und „tun", und allsogleich geschieht es in sämtlichen Schulen Preußens. Er gebeut's, und es
steht da, und selbst so unabhängige Gemüter wie das meinige
beugen sich und schreiben „Tier" und „tun".

Nun vergleiche man damit den Zustand in Alt-Athen! —
Welche Pietätsgründe sollten uns heute abhalten, eine neue
Orthographie einzuführen? Das Vorhandensein der Klassiker in
der alten Schrift? So druckt man neue, und in wenigen Jahren
ist die neue Gewohnheit geschaffen. In Athen aber, wo die
Schrift, auf die es ankam, Steinschrift war, die Schrift der
heiligsten Nationalurkunden, da sollte man durch eine vollkommene
Änderung der Orthographie die alte Schrift nahezu unentziffer-

bar machen?! Da sollte man etwa, falls das alte $\alpha\iota = \ddot{a}$, $o\iota = i$, $\alpha\upsilon = a\omega$ oder af, $\varepsilon\upsilon = e\omega$ oder ef, $\upsilon = i$ unpraktisch geworden war, das ganze orthographische Vokalsystem in der Schrift ändern und für $\alpha\iota$ ein neues Zeichen einführen, statt $o\iota$ und υ einfach ι, statt $\alpha\upsilon$ wieder α^F schreiben? Unmöglich, — viel unmöglicher, als eine phonetische Schreibung im Englischen durchzuführen und populär zu machen, oder es dahin zu bringen, dass in der deutschen Orthographie kein Unterschied mehr gemacht werde zwischen „*Held, hält, hellt*" — „*Wirt, wird, wirrt*".

Ja, es ist sogar sehr zweifelhaft, ob wirklich das Eintreten einer orthographischen Änderung den sicheren Beweis liefert, dass fortan die Schrift phonetischer geworden. Gerade das Gegenteil ist möglich. Die Aussprache kann völlig die gleiche geblieben sein, obgleich man eine neue Schreibweise beliebt hat. Es ist durchaus nicht sicher, dass die Einführung des ω um 403 neben dem o durch einen Unterschied der Aussprache bedingt war. Man schrieb früher, d. h. noch im Anfang des 19. Jahrhunderts, vielfach *undt*, jetzt schreibt man *und*. Hat sich etwa die Aussprache seit der allgemeinen Einführung von *und* geändert? Ist nicht vielmehr *und* gleichfalls unphonetisch geblieben? Denn eigentlich müsste man ja *unt* schreiben. Ein unwissenschaftlicher Kopf des 29. oder 39. Jahrhunderts wird wahrscheinlich in seiner Doctordissertation (wenn es alsdann noch solche Chinesereien geben wird) beweisen: die Deutschen hätten in 20 Jahren ihre Aussprache wesentlich geändert, denn 1803 schrieben sie noch gelegentlich *undt*, 1823 dagegen schon allgemein *und*; auf einigen seltenen uralten Grabsäulen fände sich auch wohl *unt*; aber das wäre offenbar ganz falsch; die besten altdeutschen Inschriften enthielten keinen einzigen Fall einer so rohen Orthographie; folglich hätten die alten Deutschen des 19. Jahrhunderts anfangs *und-t*, später aber nur *und* mit deutlichem d gesprochen.

Selbst folgendes kann sich ereignen: in der Absicht, eine Orthographiereform einzuführen, deren Prinzip das einer größeren Phonetik sein soll, kann gerade das Gegenteil bewirkt werden: ein Rückfall in ein falschhistorisches Prinzip. Ich nenne die erst durch die Puttkamer'sche „Reform" eingeführte oder doch geheiligte Schreibweise „marschieren, Regierung", aus der wiederum ein Curtius oder Blass der fernen Zukunft folgern wird, dass wir so verkehrt gesprochen, wie wir auf ministerielle Anordnung geschrieben haben.

Schon längst höre ich meine lieben Erasmianer zetern: wie kann man nur ganz moderne Irrtümer auf die altgriechischen Verhältnisse des 5. vorchristlichen Jahrhunderts übertragen! — Gemach! ihr sonderbaren Gelehrten, die ihr euch einbildet, die Griechen, dieses „Idealvolk", seien solcher orthographischer Verkehrtheiten nicht fähig gewesen, wie — — folgt ein Räuspern, denn gegen seine Exzellenz einen regirenden Minister mag ein richtiger Erasmianer nichts sagen: lebt doch der ganze Erasmianismus nur durch ministerielle Duldung. — Gemach: man kann ein bewundernswertes Idealvolk sein und dennoch eine sehr mangelhafte Rechtschreibung haben; ebenso wie man der größte Staatsmann des Jahrhunderts sein und nach der alten Orthographie schreiben kann, dagegen ein Minister wie zehntausend andere und zugleich der Namengeber einer neuen, etwas besseren Orthographie sein kann. Dass die Griechen zur Perikleischen Zeit in der Orthographie wirklich das Zeugnis: „ungenügend" verdienen, habe ich auf S. 69 durch Beispiele belegt. Man bedenke: ein Volk, welches nicht einmal τοῦτο von τούτου, nicht den Nominativ und Accusativ vom Genitiv schriftlich unterscheiden konnte, obwohl sie es mündlich taten, — und beides nicht vom Dativ τούτῳ; nicht τῆς βολῆς (des Wurfes) von τῆς βουλῆς, nicht τούτον von τούτων, u. s. w., u. s. w. — Sie ist wirklich „der lebendigen Sprache" nur sehr vom weitem „nahe gekommen", jene altgriechische Orthographie; die Griechen haben sich gar nicht so eifrig an des Herrn Blass „einfache und natürliche Regel" des „Schreibe wie du sprichst" gehalten, wie sie es als braves Idealvolk eigentlich gesollt hätten.

Überhaupt: man unterschätzt die ungeheuren Schwierigkeiten, welche sich der Einführung einer phonetischen Schrift bei allen Völkern entgegenstellen und bewirken, dass selbst nach Jahrtausende langen Bemühungen das Ziel von keinem Volke erreicht ist. Phonetik, wie überhaupt das meiste ganz Einfache ist nicht eine Gabe der sogenannten primitiven Zeiten, sondern die Kulturerrungenschaft einer unendlich langen Entwickelung Es spukt eben in unwissenschaftlichen Köpfen noch immer der „homme de la nature", welchen Rousseau für seine Konstruktion

der menschlichen Gesellschaft sich zurechtgemacht hat. Daher
denn solche Redensarten wie die von der so einfachen und natürlichen Regel: schreibe wie du sprichst.

Die Hieroglyphenschrift der Egypter besitzt selbst nach
ihrem jüngsten Alfabet — ich folge den Angaben bei Le Page-
Renouf — für viele Laute zwei, ja drei Zeichen. Diese Vielheit
der Zeichen für einen Laut nimmt zu, je mehr wir uns dem „Beginn" des Hieroglyphen-Alfabets nähern. Das Ideal einer Schrift:
für jeden Laut der Sprache ein einziges Zeichen — ist von
keinem Volke bis auf den heutigen Tag erreicht, auch nicht von
den Spaniern, welche im übrigen die beste Orthographie besitzen.

War etwa das Lateinische phonetisch? War ältestes
Latein phonetischer als späteres? War dieses phonetischer als
Italienisch? Das Gegenteil ist der Fall! Überall sehen wir
ein langsames, aber sicheres Fortschreiten vom rohen Herum-
tasten der Schrift am Laut zum deutlicheren Hören und deshalb
auch deutlicheren Unterscheiden. Genau denselben Vorgang
finden wir im Griechischen, nur dass man hier aus Gründen der Pietät
die guten Neuerungen neben den veralteten Formen stehen ließ·
Die Neugriechen machen gar keine Versuche zur Phonetik, weil
für sie die Gründe der nationalen Pietät die der besseren ortho=
graphischen Einsicht überwiegen. Die Aussprache leidet dadurch
keinen Schaden; es wird nur den Kindern die Erlernung der
Rechtschreibung erschwert.

VI.

Das Zeugnis der orthographischen Fehler.

An die Spitze dieses Kapitels stelle ich drei Sätze, die zum Teil schon bewiesen sind, zum Teil noch bekräftigt werden sollen:

1) Es ist nicht ausgeschlossen, dass in einer alten Schrift verschiedene Zeichen denselben Laut darstellen.

2) Ein Zeichen kann auf mehrere Arten ausgesprochen werden.

3) Orthographiereformen führen nicht gleich eine vollständige Phonetik der Schrift ein.

Die beiden ersten müssen selbst von Erasmianern strengster Observanz zugegeben werden angesichts solcher Inschriften wie *TOYTO* für τουτου; — — *KON TIME**) für — — κων τιμη; *IOΔIΣ* für *IOYΔIΣ***); *EXOPEΓE* für ἐχορηγει ***).

Zu dem dritten Satz habe ich noch hinzuzufügen: auch darin ist es bei den alten Griechen genau so hergegangen, wie bei uns modernsten Deutschen, dass in der Zeit nach einer Orthographie-Änderung noch gewisse alte Gewohnheiten sich geltend machen und einen Wirrwarr in der Rechtschreibung erzeugen. So findet sich vereinzelt selbst nach 403 in athenischen

---

*) Boeckh, II S. 336. — **) Boeckh, II S. 350.
***) Rangabé, *Antiquités helléniques*, Band I S. 44.

Inschriften noch *O* statt *Oϒ*, *E* statt *H*, wie z. B. in der Inschrift bei Boekh (II S. 349), einem Handelsvertrage zwischen
Athen und der Insel Keos, wo das erwähnte *IOΔIΣ* statt *IOϒΔIΣ*
und *TEI BOϒΔEI* statt *THI BOϒΔHI* vorkommen. In einer
und derselben Inschrift aus bester Zeit finden sich *E* statt *H*,
und *H* selber:[*])

AΘENΔIOI TEI ΔΘENΔIΔI TEI HϒΓEIΔI.
ΠϒPPOΣ EΠOIHΣEN ΔΘENΔIOΣ.[**])

Hierin findet sich sogar noch das *H* in seiner ehemaligen Bedeu=
tung als Vertreters des *Spiritus asper* neben der als *i̯*.

Man muss sich also in Philologenkreisen an den schmerz-
lichen Gedanken gewöhnen: in Sachen der Orthographie ist es
bei den Griechen ungefähr ebenso hergegangen, wie bei uns.
Alles, was an Unzulänglichkeiten in modernen Schriften vorkommt, — die Griechen haben es gleichfalls besessen. Die
Erasmianer geben das auch halb und halb zu. Nur einen Rettungs-
anker lassen sie ungern fahren: „es ist doch nicht anzunehmen,"
sagen sie, „dass die alten Griechen (dieses Idealvolk!) für denselben *i*-Laut 5—6 Bezeichnungen besessen haben: *ι, η, ει, οι,
υ, υι.*"

Erstens: kein vernünftiger Reuchlinianer behauptet, dass diese
5—6 Zeichen alle genau denselben Laut im 5. Jahrhundert
dargestellt haben. Es mögen feine Unterschiede bestanden haben,
die zum Teil heute noch bestehen; nur weiß kein Mensch anzugeben, auch nicht annähernd: welche? Mit Vermutungen ist es
bei solchen äußerst zarten Dingen nicht getan.

Zweitens: ei warum denn nicht? Die Möglichkeit, dass
ein Volk denselben Laut durch verschiedene Zeichen wiedergibt,
ist angesichts des Englischen, Französischen, Deutschen, Russischen,
auch Italienischen, Neugriechischen u. s. w. wohl nicht zu leugnen.
Ja, man kann behaupten: es gibt wohl kein Volk, welches nicht
mehr als ein Zeichen für einige seiner Laute besitzt. Im Deutschen
wird der den Erasmianern so verhasste *i*-Laut durch *i, ie, ieh*

---

[*]) Rangabé, Band I S. 36, No. 43.
[**]) *Ἀθηναῖοι τῇ Ἀθηναίᾳ τῇ ὑγιείᾳ. Πύῤῥος ἐποίησεν
Ἀθηναῖος.*

wiedergegeben, und die Erasmianer des 39. Jahrhunderts werden es nicht glauben wollen, dass die Zeitgenossen Bismarcks nicht zwischen *sie* und *sieh* in der Aussprache unterschieden hätten. „Und, werden sie sagen, welche feinen Tonabstufungen jenes großartige Volk besessen, das geht z. B. hervor aus den so verschiedenartigen Schreibungen des damals so häufigen edlen Namens: Meyer. Wem will man einreden, dass die Deutschen zu Bismarcks Zeiten nicht fein unterschieden hätten zwischen ihren Mitbürgern: *Meier, Maier, Meyer, Mayer, Meir, Meyr, Mayr, Mair?!*"

Das Englische besitzt nicht weniger als zehn Bezeichnungen des einen *i*-Lautes: *i, y, e, ie, ei, ee, ea, ae, eo, oe,* darunter allein acht ausschließlich für langes *i*.

Im Französischen wird der scharfe *s*-Laut (deutsches ß) geschrieben: *s, ss, c, ç, x* (in *six*), *sc,* früher auch *sç*. — Für den *ä*-Laut gab es zu Voltaires Zeiten wohl 20 Bezeichnungen, deren meiste noch heute da sind, z. B. *e, et, êt, est, è, ei, ai, oi, ois, oit, ès, ê, eis, ais, aient, oient, ait, eient* etc. — Französisches *o* kann so aussehen: *o, ô, os, ot, ots, ôt, ôts, ost, au, aux, eau, eaux, aut, auts, aud, auds, oz, auz*. — Der *ö*-Laut wird geschrieben: *eu, œu, œi, uei* (auch *euil*). — Die Silbe, bestehend aus scharfem *s*-Laut und kurzem nasalirtem *ä* (z. B. in *sain*), kann so aussehen und kommt wirklich in allen diesen Schreibungen vor: *sain, sains, cing, saint, saints, ceint, ceints, sein, seins, ceins, seing, cin, cins, cyn, sin, sins, cinct, cincts, sim, cym, cim, sym, ˙saim, syn*. —

Ja, sagen die Erasmianer, das sind eben neue Sprachen; die haben diese Fülle von Schreibarten der historischen Orthographie zu danken; einstmals wurden alle diese Schreibarten auch durch den Ton unterschieden; im Griechischen war das jedenfalls ganz anders.

Ob alle jene Schreibarten im Französischen wirklich einmal durch die Aussprache unterschieden wurden, ist sehr zweifelhaft. Viele sind einfach durch gelehrte Anlehnung der Schrift an die Schrift der lateinischen Grundwörter entstanden. — Dafür aber dass es im Griechischen anders zugegangen, fehlt es an jedem Beweise. Zeigt man den Erasmianern, dass *ι, υ, η, ει, οι* um Christus alle wie *i* gesprochen wurden, so sagen sie: damals war das Griechische schon verderbt. Kommt man ins 5. Jahrhundert, so sagen sie: ja, aber einmal müssen doch $\varepsilon\iota$ und ι, $o\iota$ und ι verschieden gesprochen worden sein; man hat doch nicht gleich „im Anfang" sich den Luxus gestattet, für einen Laut so viele Zeichen zu verwenden.

Was „einmal", etwa zu den Zeiten des Kadmus, geschehen sein mag, geht uns hier garnichts an; das wissen wir beide, ich der Laie und ihr gelehrten Erasmianer all zuhauf, gleichmäßig garnicht. Der Zeit Platons aber ist eine Jahrhunderte lange Entwickelung von Schrift und Sprache vorausgegangen, und deren Länge reicht vollkommen aus, um eine sogenannte „historische" Orthographie entstehen zu lassen.

Wie ist nun aber das Vorhandensein der 5—6 Bezeichnungen des i-Lautes neben einander historisch zu erklären? Sie sind fossile Überbleibsel aus den verschiedenen Entwickelungsstufen der griechischen Schrift. Ein Volk lässt sehr selten ein einmal aufgenommenes Zeichen fahren, selbst dann, wenn es längst ein besseres daneben eingeführt. Wir können das beim $\varepsilon\iota$ ganz deutlich wahrnehmen. „Ursprünglich" war i durch I bezeichnet; daneben gab es das E, welches außer dem e-Laut in seinen verschiedenen Abstufungen auch einen i-Laut bezeichnete. Da fügte man ihm im Jahre 403 v. Chr. ein I hinzu, um diese seine Aussprache wie i deutlicher hervortreten zu lassen, und es entstand EI. Daneben aber blieb I in seinem alten Besitzstande unangefochten. — Wie es mit ι, $\iota\iota$ und OI gegangen, — ja wer das wüsste! Dazu müssten wir viel ältere Inschriften besitzen, als wir wirklich besitzen. Niemand kann leugnen, dass möglicherweise in einer weiter zurückliegenden Zeit OI ebensowenig dagewesen ist, wie im 5. Jahrhundert EI und $O\iota$. Dass H als η erst verhältnismäßig jungen Daseins ist, wurde schon erwähnt.

Das Vorhandensein von ι, v, η, $\varepsilon\iota$, $o\iota$ neben einander würde gegen die Möglichkeit der Aussprache aller fünf wie i selbst dann nichts beweisen, wenn wir wüssten, — was kein Mensch weiß —, dass „einstmals" zwischen $\iota\ v\ o\iota$ (denn η und $\varepsilon\iota$ gehören noch nicht der Periode des „einstmals" an) ein Unterschied der Aussprache bestanden hat. Die Möglichkeit eines solchen Unterschiedes im 6. oder 9. Jahrhundert v. Chr. leugne ich gar nicht; aber, bitte, wie war dieser Unterschied beschaffen?

— Kein Erasmianer weiß eine Antwort; · „konjekturiren" aber können wir alle.

Ich gehe noch weiter. Ich will einmal zugeben: selbst im 5. Jahrhundert v. Chr. wurden feine Unterschiede zwischen ι, υ, $o\iota$ — vielleicht auch $\epsilon\iota$, η — gehört. Ich bin durchaus bereit, die neugriechische Aussprache jener 5 Zeichen wie i sofort aufzugeben, und die für ihre Vorfahren begeisterten Neugriechen würden vielleicht dasselbe tun, wenn nur ein Erasmianer uns irgend etwas über jene feinen Unterschiede verraten wollte. Das kann nicht Einer von ihnen! Er kann wohl als Schulmeister seinen Tertianern, die nicht mucksen dürfen, die Versicherung geben: ι υ η $\epsilon\iota$ $o\iota$ wurden gesprochen wie i, $ü$, e, ei, eu; aber die ganze Philologenwelt ist doch nicht gezwungen, sich mit so autoritativen Versicherungen zu begnügen, wie sie für Tertianer gut sein mögen.

Die Erasmianer, d. h. die paar verständigen unter ihnen, sagen auch meist selber: wir wissen es nicht genau, wie die alten Griechen gesprochen haben. Dasselbe sage auch ich. Der Unterschied ist nur dieser: Die Erasmianer halten sich, zur Abhilfe ihrer Unwissenheit, für befugt, selber irgend welche Aussprache zu erfinden und sie dann als die — „einige Unarten abgerechnet" — richtige zu lehren; ich dagegen halte mich bei meiner Unwissenheit an die historische Überlieferung der Jahrtausende, d. h. an die lebendige Sprache der Neugriechen.

Also die Erasmianer wundern sich, warum die Griechen 5 Zeichen für i besitzen. Ich habe im vorstehenden zwei Gründe der Möglichkeit angegeben, die ich für unwiderleglich halte: 1.: in verschiedenen Zeiten wurden für i verschiedene Zeichen erfunden — ähnlich wie um 403 für u ein neues Zeichen: $o\upsilon$ neben o erfunden wurde, — und alle blieben neben einander bestehen. 2.: Die verschiedenen Zeichen haben vielleicht „einstmals" feine Schattirungen des i-Lautes wiedergegeben, welche uns heute unwiederbringlich verloren sind.

Dafür aber, dass nur sehr feine Unterschiede, wenn überhaupt welche, zwischen den 5—6 Zeichen des i bestanden haben, besitzen wir ein nahezu untrügliches Beweismittel: die ortho·

graphischen Fehler der Inschriften und Handschriften.
Es ist sehr spaßhaft, dass wir in diesem Fall aus Fehlern mehr
lernen können, als aus Richtigkeiten; aber dennoch ist es so.

Was bedeuten orthographische Fehler für die Feststellung
einer Aussprache? Soweit es sich nicht um vereinzelte Irrtümer,
um Zerstreutheiten des Schreibers handelt, sondern um die Wir-
kungen seiner orthographischen Unwissenheit, bedeuten orthographische Fehler in den allermeisten Fällen einen
Übergang aus der historischen Schreibweise in die
phonetische. Finde ich auf einer deutschen Inschrift des 17.
Jahrhunderts neben dem sonst gebräuchlichen *undt* ein *und*, so
werde ich anfangen, zu vermuten, dass in der Gegend, aus
welcher der betreffende Steinmetz stammte, *d* im Auslaut vielleicht geklungen hat, wie *dt* im Auslaut. Finde ich noch eine
zweite Inschrift, auf der *unt* steht, so werde ich vermuten: die
Zeichen *d, t, dt* haben zu einer gewissen Zeit, in gewissen
Gegenden Deutschlands allesamt gleich geklungen, — woraus
sich allerdings noch nicht mit Sicherheit schließen lässt: wie sie
denn geklungen haben?

Meine Vermutung wird bestärkt, ja sie wird fast eine Gewissheit werden, wenn es mir gelingt nachzuweisen, dass jenes
Durcheinander von *und, undt, unt* auf sehr vielen Inschriften
derselben Gegend sich findet. Sollte ich daneben ein einziges
Mal statt *und* — *uns* finden, so werde ich sagen: hier liegt
eine Zerstreutheit des Steinmetzen vor, die für die Aussprache
nichts beweist.

Solche orthographische Fehler finden sich auf den
altgriechischen Urkunden in genügend großer Zahl, um daraus
Schlüsse ziehen zu können, — Fehler, die nicht aus Nachlässig-
keit, sondern aus Unwissenheit des Steinmetzen über die historische
Orthographie entstanden sind. Sie finden sich im ganzen alten
Griechenland, auch in Attika, — auch in Athen, im 5. Jahrhundert und in allen folgenden. Die Erasmianer haben oft den
Einwand gemacht: beweiskräftig für unsere Frage sind nur Inschriften aus guter attischer Zeit. — Gewiss, beweiskräftig für
die Frage: wie haben die Altattiker ausgesprochen? Aber wir
dürfen die Inschriften mit ihren orthographischen Fehlern aus

anderen Teilen Altgriechenlands auch zur Beantwortung der ebenso wichtigen Frage benutzen: wie alt ist die neugriechische Aussprache?

Nun ergeben die Inschriften das Resultat mit einer über jedem Zweifel erhabenen Gewissheit: keine einzige Eigenheit der heutigen Aussprache der Vokale, welche sich nicht mindestens bis ins vierte Jahrhundert v. Chr. in einem Dialekt oder in mehreren von Altgriechenland zurückführen ließe. Selbst wenn also Neugriechisch zwar nicht mit dem Altattischen in der Aussprache übereinstimmte, so könnte es sich immer noch rühmen, im direkten Zusammenhang mit der Aussprache alter Hellenen zu stehen. Sollte es nicht klingen wie das Griechische des Perikles, so klingt es doch ähnlich dem des Epaminondas, und auch dieses würde mir annehmbarer erscheinen als das Griechische eines deutschen Gymnasiallehrers.

Für die Aussprache der Erasmianer bleiben die Inschriften stumm. Gerade die Verwechselungen der Erasmischen Aussprache finden keine Bestätigung durch orthographische Fehler auf Inschriften. Gleichviel ob $\alpha\iota$ und $\epsilon\iota$ völlig gleich gesprochen werden, wie es tatsächlich auf den deutschen Gymnasien geschieht, oder ob ein Unterschied versucht wird, — hätten $\alpha\iota$ und $\epsilon\iota$ in altgriechischem Munde wie ai und ei geklungen, so müssten wir doch gelegentlich einmal eine Verwechselung auf einer Inschrift finden. Mir ist keine bekannt; auch in Erasmischen Streitschriften wird nichts derartiges erwähnt, und doch hätten sie sich einen solchen Beweis für die Ähnlichkeit der Aussprache von $\alpha\iota$ und $\epsilon\iota$ gewiss nicht entgehen lassen. Auch unser Blass muss zugestehen: „Die Inschriften verweigern absolut ihr Zeugnis, — — nie wird etwas anderes für $\alpha\iota$ geschrieben." — Wäre $\alpha\iota$ wirklich wie ai gesprochen worden, $o\iota$ und $\epsilon\iota$ wie eu, so würde ich selbst eine Verwechselung von $\alpha\iota$ und $\epsilon\iota$ mit $o\iota$ und $\epsilon\iota$ für nicht erstaunlich halten. Aber auch die findet sich nie; nicht auf alten noch auf jungen Inschriften.

Desgleichen gehören Verwechselungen zwischen η und ϵ zu den größten Seltenheiten, obwohl ein ins e hinüberklingender Laut des η von mir für das 5. Jahrhundert nicht unbedingt abgewiesen wird.

Konsonantenverwechselungen, wie sie nach Erasmischer Aus-

sprache so sehr wahrscheinlich wären, finden sich gleichfalls
nicht. Wäre β wie b, nicht wie w, gesprochen worden, so
müsste sich auf einer schlechten Inschrift doch gelegentlich mal
eine Verwechselung mit π finden. — Keine Rede davon! Ebensowenig werden τ und ϑ — bei den Erasmianern völlig gleich-
klingend — auf alten Inschriften jemals mit einander ver-
wechselt, so wenig wie etwa π und φ, oder $\varkappa$ und χ. — „Die
Inschriften verweigern absolut ihr Zeugnis", nämlich den Erasmianern.

Dagegen weiß man sich kaum zu lassen vor der Menge
orthographischer Verwechselungen gerade aller derjenigen Zeichen,
welche in der neugriechischen Aussprache gleich oder ähnlich
klingen. Da werden $\alpha\iota$ und ε; ι und η; υ und ι; $\varepsilon\iota$ und ι; $o\iota$
und υ u. s. w. so oft mit einander verwechselt, dass vielleicht
ein Band, stark wie dieser, kaum ausreichen würde, alle Fälle
zu sammeln.

Freilich: so häufig, wie im außerattischen Hellas, kommen
in Attika solche Verwechselungen nicht vor; doch selten sind sie
auch für Attika nicht. Es wäre aber voreilig, von diesem
selteneren Vorkommen sogleich auf eine wesentlich andere Aussprache zu schließen. Die Steinmetzen in Athen werden wohl
der historischen Orthographie kundiger, werden überhaupt gebildeter gewesen sein, als in den übrigen Städten; oder die Behörden in Athen haben strenger auf sorgfältige Orthographie gehalten.

Für das geschmähte Böotien, die Heimat des Pindar und
des Epaminondas, geben die Erasmianer die neugriechische Aussprache schon für die älteste Zeit halb und halb zu. Aber
natürlich: sie wollen nicht wie die plumpen Böotier sprechen,
sondern lieber — wie die Holländer. Wie haben nun die Böotier
im Altertum gesprochen? Gerade sie haben, den Inschriften zufolge, den spitzen i-Laut weit mehr bevorzugt, als es — nach
der Meinung der Erasmianer — die Attiker getan. Die Attiker
also hätten das breite *epai* ($\dot{\varepsilon}\pi\varepsilon\dot{\iota}$) gesprochen; die plumpen
Böotier dagegen das spitzige *epi*; die Attiker hätten gesagt
kekomistai, die Böotier *kekomiste*; die Attiker a*ikosi*, die Böotier
wikati; die Attiker *hippois*, die Böotier *hippiis*; die Attiker

*Elat*aialo, die Böotier *Elat*icii.*) Was für „Böotier" müssen die Attiker gewesen sein, welche so „böotisch" gesprochen, wie die Erasmianer vermuten.

Solchermaßen von allen Beweismitteln der Wissenschaft im Stich gelassen und nach Erkenntnis des:

Non homines, non di, non concessere columnae,

haben die Erasmianer ihre Zuflucht zu den — Tieren genommen. Doch dies verdient ein besonderes Kapitel.

---

*) Aus der bekannten „Orchomenischen Inschrift", abgedruckt im *Corpus inscriptionum graecarum.*

VII.

Die Sprache der Tiere.

Welch vortreffliches Beweismittel, gäbe es irgend einen für
jedes menschliche Ohr gleich tönenden Laut auf Erden, der sich
in der Schrift genau wiedergegeben fände! Zwei Hindernisse
stehen leider im Wege: 1) es gibt keinen Laut, der von jedem
menschlichen Ohr als derselbe vernommen wird; 2) gäbe es selbst
einen solchen, wer bürgt dafür, dass die menschliche Schrift im
Stande wäre, den Laut genau darzustellen?

Darum sind leider auch die aus der Tiersprache und ihrer
Bezeichnung durch die Schrift hergeholten Beweise von vornherein mit dem größten Argwohn zu betrachten. Selbst zugestanden, die Tiere gleicher Gattung hätten zu allen Zeiten,
unter allen Himmelstrichen dieselben Schreie ausgestoßen, —
haben auch alle Völker zu allen Zeiten jene Schreie auf die
nämliche Weise gehört? — und falls gehört, haben sie sie bis
in die feinsten Feinheiten wiedergegeben? — haben sie das überhaupt gewollt oder gekonnt?

Ich sage wohl jedem aufmerksamen Beobachter nichts Neues,
wenn ich bemerke: die gleichen Tierlaute werden von den verschiedenen Völkern verschieden gehört und verschieden schriftlich
dargestellt. Ja, sogar innerhalb derselben Sprache gibt es Verschiedenheiten des Hörens und Darstellens gewisser Tierlaute.
Der Hund bellt in Deutschland *han! han! — bau! bau! — wau!*
wau! — Die Wörter *blaffen, kläffen, Hundeblaff* geben auch
im Auslaut einen Lippenlaut.

Die Chinesen*) hören den Hund *wong! wong!* (*ng* Nasen-laut) bellen.

Die Neugriechen hören weder *hau!* noch *bau!* noch *wau!* — sondern entweder: *gaff* (γαυ) oder *gau* (γαου).

Weitere Umfrage wird den Lesern die Belehrung ver-schaffen, dass die meisten Völker anders als bloß *hau!* oder *bau!* oder *wau* hören.

Und die Altgriechen? Beim Aristophanes (Wespen, Vers 903) heißt es: αυ, αυ. — Ob Aristophanes αὐ oder αὐ geschrieben, wer will das heute sagen? Er wortspielt in demselben Vers mit der Partikel αὖ. Ich halte *aff! aff!* für eine durchaus glück-liche Wiedergabe des Hundegebells und begreife nicht, wie man durchaus nur *au! au!* oder *hau! hau!* an dieser Stelle für möglich hält. Die Übereinstimmung von altgriechischem *aff!* und neugriechischem *gaff!* ist übrigens auch sehr bemerkenswert.

Glaubt man etwa, dass das so sehr deutliche Miauen der Katze von allen Völkern gleich gehört wird? Durchaus nicht. Zwar: Deutsche, Chinesen und Franzosen hören dasselbe *Miau!* Dagegen hört der Engländer nicht *miau!* sondern *miu!* — und zwar nicht nur zur Zeit Shakespeares, wie aus dessen *mew* (Henry the Fourth, I., Akt 3, Szene 1) hervorgeht; sondern noch heute und diesen Tag.

Übrigens hören die Franzosen wohl *miau;* dagegen heißt *miauen* bei ihnen: *miauler* (gesprochen wie *mioler*).

Die Neugriechen hören überhaupt kein *m* im Katzengeschrei, sondern ein *n*: νιαου.

Wie kräht der Hahn den verschiedenen Völkern in die Ohren? Den Deutschen: *Kikeriki!* — Aber den Neugriechen: κικερικο oder κικερικου! — Den Spaniern: *cucurucu!*

Bei uns m e c k e r t die Ziege und sagt *mek* oder *mä*. Herodot lässt sie *wek* oder meinethalben *bek* (βεκ) sagen in der bekannten Anekdote vom Psammetich (II, 2).

Unsere Frösche quaken *kwak;* die athenischen zu des Aristophanes Zeiten haben βρεκεκεξ κοαξ gequakt.

----

*) Ich folge der Auskunft meines gelehrten Freundes King-In-Thai, Attachés der chinesischen Gesandtschaft in Berlin.

Unsere Biene macht *sum*; die Biene vom Hymettos dagegen βομβ.

Der deutsche Kuckuck ruft — seinen eigenen Namen; der englische sagt nur *kuku*, der französische *coucou*, der griechische κοκκυ, also auf Erasmisch: *kokkū!*

Mit diesen Tieren können also die Erasmier gerade keinen Staat machen. Aber — heißt es bei ihnen — die griechischen Schöpse beweisen unwiderleglich, dass wir Recht, die Reuchlinianer Unrecht haben; denn sie blökten βῃ βῃ, und was ein richtiger Schöps ist, das blökt in der ganzen Welt *bä bä*.

Sie folgern so: die griechischen Schöpse haben βη βη geblökt, folglich wurde ῃ immer wie e oder ä gesprochen.

Ich wende zunächst zur Abwehr ein: kein ernsthafter Reuchlinianer hat jemals behauptet, dass ῃ zu allen Zeiten und in allen Fällen wie *i* gelautet habe. Selbst wenn also wirklich die griechischen Schafe nicht βε βε oder με με oder βαι βαι oder μαι μαι geblökt haben sollten, sondern βῃ βῃ, so ist noch gar nicht ausgeschlossen, dass ῃ in anderen, mehr menschlichen Wörtern anders geklungen hat als reines *e!*

Aber steht es denn so unumstößlich fest, dass die Schafe in der ganzen Welt *bä* oder *be* sagen, wie die Erasmianer es verlangen? Ich habe mich bei deutschen Kindern erkundigt, die noch keine Ahnung von der Existenz altgriechischer Schafe hatten: wie macht das Schaf? Ich habe allerlei Antworten gekriegt: *be, bä, me, mä*. Ich habe mich bei diesen Antworten nicht beruhigt, sondern habe mich umgeschaut, wie z. B. die Schafe im alten Rom geblökt haben. Da schreibt der Grammatiker Varro wohlweise: *Non mee sed bee sonare videntur oves*, worin das doppelte *e* beachtenswert ist.

Die Neugriechen hören μαι *(me)*, μπε *(be)*, μπη *(bi)*, letzteres ein unbestimmter Mittellaut zwischen *i* und *e*.

Die Italiener sind ihrer lateinischen Gewohnheit treu geblieben und hören *be-e*.

Sehr merkwürdig ist die Auskunft meines chinesischen Gewährsmannes. Ich befragte ihn in Gegenwart eines seiner des Deutschen nicht kundigen Kollegen, und beide versicherten mir, nach wiederholten Nachahmungsversuchen: die Chinesen hörten weder *me* noch *be*, sondern ein deutliches *wiä!*

Ich wünschte sehr, Leser mit ausgedehnten fremdländischen Bekanntschaften möchten weitere Nachforschungen anstellen über die Art der verschiedenen Völker, die Tierstimmen zu hören und wiederzugeben. Ich bin gern bereit, gefällige Mitteilungen dieser Art bei einer II. Auflage zu berücksichtigen.

Und nun zu dem $\beta\eta$ $\beta\eta$ der altgriechischen Schafe! Die Erasmier sagen natürlich gleich: $\beta\eta$ ist *be* zu sprechen, nicht *bi*, denn die Schafe blöken nicht *bi*, sondern *be*; folglich hat η bei den Altattikern unzweifelhaft überall wie *e* gelautet.

Nicht so flink! Woher wisst ihr, dass die altattischen Schafe $\beta\eta$ $\beta\eta$ geblökt haben? Haben sie selber etwas Schriftliches darüber hinterlassen? Blöken Schafe in Schriftzeichen, oder in unbestimmten Lauten? Wo steht denn etwas von dem $\beta\eta$ $\beta\eta$ der alten Schöpse?

Ja, heißt es, Kratinos sagt so. Der Dichter Kratinos? derselbe, den Horaz zusammen mit Eupolis und Aristophanes preist? Derselbe. — Wo sagt denn Kratinos, dass die zeitgenössischen Schöpse $\beta\eta$ $\beta\eta$ blökten? Haben wir denn des Kratinos Werke noch? — Das nicht, aber einer und der andere Vers sind aufbewahrt, darunter auch der:

$$\text{'}O\ \delta\text{'}\ \mathring{\eta}\lambda\iota\vartheta\iota o\varsigma\ \mathring{\omega}\sigma\pi\varepsilon\rho\ \pi\rho\acute{o}\beta\alpha\tau o\nu\ \beta\bar{\eta}\ \beta\bar{\eta}\ \lambda\acute{\varepsilon}\gamma\omega\nu\ \beta\alpha\delta\acute{\iota}\zeta\varepsilon\iota.$$

Wo aufbewahrt? Etwa in einer Handschrift aus der Zeit des Kratinos, d. h. aus dem 5. Jahrhundert v. Chr.? — Nein, das nicht, aber Eusthatios, der Homer-Erklärer, hat uns den Vers aufbewahrt.

Also Eusthatios, der Erzbischof von Saloniki, der im zwölften Jahrhundert nach Christus lebte, ist die Autorität dafür, wie der Komödiendichter Kratinos 17 Jahrhunderte vorher das Blöken der Schafe gehört und schriftlich wiedergegeben habe! Eine vortreffliche Autorität, um so vortrefflicher, da Eusthatios selbst unzweifelhaft $\beta\eta$ $\beta\eta$ *wi wi* ausgesprochen hat!*)

---

*) Eusthatios sagt ausdrücklich in seinem Homer-Kommentar, dass $\mathring{\iota}\varrho\iota$ und $\mathring{\iota}\varrho\eta$, $\mathring{\iota}\mu\iota o\nu$ und $\mathring{\iota}\mu o\nu$, $\mathring{\iota}\beta\eta\varsigma$ und $\mathring{\iota}\beta\iota\varsigma$, $\mathring{\varrho}\iota\sigma o\nu$ und $\mathring{\varrho}\eta\sigma o\nu$, $\pi\varepsilon\iota\vartheta\varepsilon\sigma\vartheta\alpha\iota$ und $\pi\eta\vartheta\varepsilon\sigma\vartheta\alpha\iota$, $\mathring{\eta}\tau o\iota$ und $\varepsilon\mathring{\iota}\tau o\iota$ etc. etc. Gleichklänge sind.

Dass dem Eusthatios kein eigenhändiges Manuskript von des Kratinos Hand vorgelegen, ist wohl klar. Es kann ihm jedenfalls keines vorgelegen haben, in welchem gestanden: $\beta \eta$ $\beta \eta$, oder *BH BH*, denn das *H* wurde erst im 2. Jahr der 94. Olympiade (403 v. Chr.) eingeführt, Kratinos dagegen war schon in der 85. Olympiade gestorben, also ungefähr 35 Jahre früher.

Wie mag nun Eusthatios zu dem $\beta \eta$ $\beta \eta$ gekommen sein? Er — und mit ihm beinah übereinstimmend Suidas (10. Jahrhundert) und Zonaras (12. Jahrhundert) — schreibt zu einer Homerstelle: „Nachahmend sagten die Alten $\beta \eta$ und nicht $\beta \alpha \iota$ als Nachahmung der Stimme der Schafe." Ich wiederhole: dass Eusthatios $\beta \eta$ wie *wi*, $\beta \alpha \iota$ wie *we* (oder *wä*) gesprochen, ist zweifellos. — Er hatte also in einer Abschrift der Komödien des Kratinos — wer weiß aus welcher Feder? — $\beta \eta$ $\beta \eta$ in jenem Verse gefunden, und das hatte ihn erstaunt, denn er selbst hat wohl als Laut der Schafe *wä* gehört. Anstatt nun zu untersuchen: wie mag dieses merkwürdige η (von ihm *i* gesprochen) in das Manuscript hineingekommen sein? — machte er einen voreiligen Schluss, ganz so wie wenn er schon Erasmianer gewesen wäre, und sagte: folglich haben die Alten das Blöken der Schafe durch *wi wi* wiedergegeben.

Die Erasmianer, welche der Autorität des Suidas, Zonaras, Eusthatios folgen, müssen zugestehen: alle drei Gewährsmänner haben $\beta \eta$ $\beta \eta$ *wi wi* gelesen; sie müssen also eigentlich gerade deshalb η wie *i* sprechen. Sie schenken aber jenen drei Zeugen keinen Glauben, sondern sagen: sie haben allerdings $\beta \eta$ $\beta \eta$ *wi wi* ausgesprochen; aber den Laut der Schafe können sie nicht so, sondern nur *wä wä* (oder *bä bä*) gehört haben, wie wir Erasmianer es tun.

Nun muss ich gestehen: ich selbst glaube kaum, dass Suidas, Zonaras und Eusthatios die Schafe *wi wi* haben blöken hören, obgleich s i e $\beta \eta$ $\beta \eta$ allerdings nur *wi wi* aussprachen. Der Fehler, den sie begingen, war der, dass sie sich nicht um die Geschichte des η in den betreffenden Manuscripten kümmerten, sondern annahmen, das habe seit des Kratinos Zeiten immer so darin gestanden. Kratinos hat geschrieben *BE* oder *BEE*. Nach der Einführung des *H* hat man aus *EE*, nach der Analogie der unzähligen Fälle, in denen aus $\varepsilon \varepsilon$ in der Wortbildung und

Flexion η wird, ein H gemacht, unbekümmert darum, ob nun die Aussprache sich ändere; lediglich aus graphischen und grammatischen, nicht aus phonetischen Gründen. Diese Veränderung des $\varepsilon\varepsilon$ in η mag sehr spät erfolgt sein; ihr Urheber wird wohl ein buchstabenklaubender Philologe von Alexandria gewesen sein, der sich sagte: „$\varepsilon\varepsilon$?! — kenne ich nicht; $\varepsilon\varepsilon$ wird meist zu η; so mache ich ein η daraus." Er hätte auch ein $\varepsilon\iota$ daraus machen können. Unsere Erasmianer würden dann daraus gefolgert haben, dass die Alten das $\varepsilon\iota$ wie ä gesprochen haben, da ja die Schafe nicht ei blöken.

Aber wer auch immer das η in dem $\beta\eta$ $\beta\eta$ auf dem Gewissen haben mag, — der Dichter des betreffenden Verses, Kratinos, selber nicht, denn er hat nicht $\beta\eta$, sondern irgendwie anders geschrieben.

Der Beweis der Erasmianer, dass η immer wie e zu sprechen, lässt sich auch dann nicht mit dem $\beta\eta$ $\beta\eta$ bei Kratinos führen, wenn wirklich Kratinos oder einer seiner Abschreiber in guter Zeit mit voller Absicht $\beta\eta$ $\beta\eta$ geschrieben hätten. Das Einzige, was man alsdann vielleicht zugestehen könnte, wäre dieses: in dem Tierlaut $\beta\eta$ $\beta\eta$ haben die Alten das η einem e ähnlicher als einem i gesprochen. — Weiter nichts. Eine Verallgemeinerung des $\beta\eta$ $\beta\eta$, der Wiedergabe eines Tierlautes, auf die Aussprache des η in allen übrigen Fällen ist Erasmische Logik, aber keine wissenschaftliche Schlussfolgerung.

Die Erasmianer, welche aus $\beta\eta$ $\beta\eta$ folgern: η stets $= e$, die müssen zugeben: υ stets $= u$! In einer Stelle bei Aristophanes (Thesmophoriaznsen, Vers 22) heißt es unter Nachahmung des Ochsengebrülls:

$$\mathit{M\bar{v}, \mu\bar{v}, \tau\iota\ \mu\acute{\iota}\zeta\varepsilon\iota\varsigma;}$$

Da die Erasmianer nicht leugnen werden, dass die griechischen Ochsen eher *mu mu* als *mä mä* gebrüllt haben, so müssen sie υ wie u sprechen.

Der ganze törichte Streit um das η und $\beta\eta$ $\beta\eta$ rührt, wie so oft, daher, dass man sich nicht klar geworden, um was man eigentlich streitet. Die Erasmianer unterschieben den Gegnern Ansichten, die garnicht bestehen, und erringen dann nach ihrer Meinung einen Sieg. Wie das η — nicht in $\beta\eta$ $\beta\eta$, welches garnicht mitzählt, — sondern in der Mehrzahl der anderen Fälle ausgesprochen wurde, das wissen wir allesamt nicht. Alles weist darauf hin, dass es ein Mittellaut zwischen i und e war, der allmählich reines i wurde. Einen solchen Mittellaut zur Wiedergabe eines Tierlautes zu wählen, wäre das Klügste gewesen, was ein altgriechischer Schriftsteller hätte tun können.

Ebenso wurde das v früher wahrscheinlich mit einem Laut gesprochen, der etwas vom i, vom $ü$ und vom u hatte. Wie viel von jedem, das weiß Niemand. — Es war also durchaus angemessen, dass Aristophanes zur Bezeichnung eines Tierlautes sich des unbestimmten Mittellautes v in seinem $μν$ $μν$ bediente.

Aus der Bezeichnung der Tierlaute aber bestimmte Schlüsse auf die allgemeine Aussprache zu ziehen, das läuft abermals auf die Diophantische Gleichung hinaus, von der früher (S. 60) die Rede war. Die Aussprache der Alten ist unbekannt; glaubt man sie bestimmen zu können durch die in ihrem genauen Lautbestande dem menschlichen Ohr unfassbare „Aussprache" der Tiere?!

VIII.
Das Alter der neugriechischen Aussprache.

———

Unter den Erasmianern gibt es nicht Wenige, die da glauben, ihre *hoioi-* und *aiai*-Sprache sei von Anbeginn bis auf unsere Tage gesprochen worden, bis zur „Erfindung" Neugriechenlands. Griechisch sei bis zur Schlacht von Navarino eine tote Sprache gewesen; da seien die Südslaven und Albanesen des „Griechenland" genannten Teils der Türkei gekommen und hätten, um vor dem betörten, sentimentalen Europa die Rolle von Enkeln der Hellenen zu spielen, — hätten sich eine Art von Griechisch zurechtgemacht. Da sie aber die richtige Aussprache aus Büchern nicht künstlich erfinden konnten, so hätten sie eine Bequemlichkeitsaussprache gewählt, indem sie die meisten Vocale und Diphthongen wie *i* gesprochen. Und da kommen diese neugebackenen Neugriechen — so sagen manche Erasmianer — und wollen uns über die richtige Aussprache belehren, uns die wir die „richtige" schon seit Jahrhunderten besitzen! Welch ein nationales Vorurteil der Neugriechen! ruft entrüstet Herr Blass, der sich für „vorurteilslos" hält, obgleich sein Urteil über die Aussprache noch aus der Zeit stammt, da er in Quarta lernte: „*he time, hai timai.*"

Alles was die Philologie weiß, alles was sie lehrt, verdankt sie der Überlieferung. Auch die Aussprache jeder Sprache. Für die holländische Aussprache des Griechischen gibt es auch eine „Überlieferung"; wir haben gesehen, dass sie jetzt genau 359 Jahre

alt ist. Jenseits dieser 359 Jahre gähnt für die holländische
Aussprache ein Abgrund.

Neben der Erasmischen Überlieferung her geht die neugriechische. Beim Jahr 1528 angekommen, bleibt sie allein als
Brücke über den Abgrund der Vergangenheit übrig. Schritt für
Schritt führt sie uns rückwärts bis in die Zeit der römischen
Herrschaft über Hellas, bis zu den Alexandrinern, endlich bis in
jene erlauchte Gesellschaft, um derenwillen wir überhaupt heute
das Griechische der Mühe des Erlernens für wert halten.
Nirgends auf diesem langen Wege deutet die lebendige Überlieferung an, dass schon Keime für die gemachte Überlieferung
des Jahres 1528 vorhanden. Nirgends ein Zeichen dafür, dass
von Desiderius Erasmus bis zurück auf Cäsar Augustus Hadrianus
solche Töne aus griechischem Munde erklungen sind wie: *oi*,
ai, *au*.

Hier ist wohl der geeignetste Ort, auf ein Beweismittel zu
verweisen, von dem meines Wissens noch nie Gebrauch gemacht
worden ist: die griechischen Ortsnamen. Wie erklärt man
sich die erstaunliche Tatsache, dass sämtliche aus dem Altertum überkommenen Ortsnamen gleichfalls dieselben angeblichen
Veränderungen zeigen, welche die Erasmianer von den andern
griechischen Wörtern behaupten? Wenn irgendetwas Widerstand leistet dem Wechsel der Zeiten, dann sind es die Ortsnamen eines Landes, dessen Ureinwohner nie völlig vertrieben
worden sind. Ich meine natürlich nur solche Ortsnamen, die
nachweislich alt und echt sind, nicht etwa durch die nationale
Wiedergeburt von 1821 künstlich nach antiken Formen neu
zurechtgestutzt. Zu den letzteren, unechten Namen gehören z. B.
Sparti, *Gythion*, *Aegion*, *Pylos*. Völlig echt dagegen, auch im
Mittelalter nachweisbar, sind Namen wie: *Athine*, *Laurion*,
Mendeli (Pentelikon), *Thiwe* (Theben), *Milos*, *Tinos*, *Mitilini*,
Mikonos, und tausende mehr.

Wie erklären nun wohl die klugen Erasmianer, dass alle
Ortsnamen, in denen sich die bewussten streitigen Vokale und
Konsonanten finden, heute neugriechisch klingen? Glauben sie
etwa, dass das Volk seine Ortsnamen nach Büchern spricht und
ändert? Pflanzen sich die nicht von Geschlecht zu Geschlecht
mündlich fort? Und was sollte einen Melier bestimmen, seine

Insel nicht mehr *Melos*, sondern *Milos* zu nennen? Enthält
Melos irgend einen Laut, der dem Neugriechischen zuwider wäre?
Durchaus nicht, so wenig wie *Tenos*. — Warum ist denn das
e in *Megara*, in Pentelikon (heute *Mendeli*) erhalten geblieben?
Weil es ursprünglich gesprochen wurde. Glaubt man im Ernst,
dass die Bewohner des nie ganz verödeten Athens heute, wie
vor Jahrhunderten, *Athine* sprächen, wenn ihre Ahnen jemals
Atenai gesprochen hätten? — Oder dass die Thebaner sich heute
Thivei nennten, wenn ihre Ahnen einst *Tebaioi* geheißen hätten?
— Was konnte die Bewohner von Messenien veranlassen, aus
einem etwaigen uralten *Messene* ihr jetziges *Messini* zu machen?
Hätte es jemals *Messene* geheißen, — noch heute hieße es so.
Aber ob wohl das von den Messeniern gegründete *Messina* auf
Sizilien jemals *Messene* oder *Messena* geheißen hat?!

Es ist mit den beiden Aussprachen, der lebendig überlieferten
und der künstlich erfundenen, wie mit den Waren in einem
Altertümerladen. Für den Kenner bedarf es bei einem echten
Stück nicht des künstlichen Rostes des Fälschers, um die Echtheit zu erkennen; um das gefälschte aber wird eine Schicht
gemachten Altertums gelegt. Der ernste Forscher kratzt diese
Schicht ab und darunter tritt das feile Eisenblech aus der
modernen Fabrik zu Tage.

Die Erasmianer selber gestehen zu: wie die Neugriechen
heute sprechen, so wird schon seit mindestens 16—1800 Jahren
gesprochen. So lange also haben sich Millionen, ja Milliarden
Griechisch sprechender Menschen begnügt mit einer Sprache,
welche von einigen Schulfüchsen des 16. Jahrhunderts auf Grund
ihres feineren holländischen Gehörs für äußerst übellautend erklärt und in den Schulbann getan wurde.

Dass ums Jahr 1528 die neugriechische Aussprache überall,
im Occident wie im Orient, gegolten hat, dass Erasmus selbst
nur neugriechische Laute gesprochen, das bedarf keines Beweises
mehr. Wir brauchen auch bei der historischen Rückschau, die
wir jetzt vornehmen wollen, nicht ängstlich von Jahrhundert zu
Jahrhundert rückwärts zu blicken. Wir begeben uns sogleich

vom 16. ins 12. Jahrhundert und finden da die neugriechische
Aussprache, den verpönten Itazismus, in vollster Blüte. Eusthatios
hat ι, υ, η, $\varepsilon\iota$, $o\iota$ gleich gesprochen: er macht auf den Gleichklang von υ und $o\iota$ schon bei Homer aufmerksam, erinnert an
den Gleichklang der homerischen Tonmalereien von $\Sigma\varkappa\upsilon\lambda\lambda\eta$ und
$\varkappa o\iota\lambda\eta$, $Xa\varrho\upsilon\beta\delta\iota\varsigma$ und $a\nu a\varrho\varrho o\iota\beta\delta\varepsilon\iota$, erklärt $^{"}I\varrho\iota$ (Vokativ) für „gleichlautend mit $^{"}H\varrho\eta$, bei verschiedener Schreibung beider", $\pi\iota\vartheta\varepsilon\sigma\vartheta\varepsilon$
mit $\pi\varepsilon\iota\vartheta\varepsilon\sigma\vartheta a\iota$, $\varkappa\varepsilon\nu\acute{o}\varsigma$ mit $\varkappa a\iota\nu\acute{o}\varsigma$ (vgl. S. 88), u. s. w., u. s. w.

Vom 12. Jahrhundert ein Sprung in das 6te. Ein Psalmen-
buch des Papstes Gregorius umschreibt den griechischen Text
des ersten Psalms mit lateinischen Buchstaben so: *Macharios
anir os uk eporefthi en buli asebon ke en odo amartholon uk
estike, epi kathedran limmon uk ekathise. Alla en to nomo
Kiriu to thelimma artu ke en to nomo artu meletisi imeras
ke niktos, etc. etc.*

Vom 6. Jahrhundert rückwärts muss der Nachweis des Vor-
handenseins der neugriechischen Aussprache für jeden einzelnen
der streitigen Buchstaben geführt werden, und das wird in der
nachfolgenden Einzeluntersuchung geschehen. Hier kam es nur
darauf an, zu zeigen, dass die neugriechische Aussprache nicht
von gestern noch ehegestern ist, sondern dass sie in der ganzen
griechischen Welt geherrscht hat zu einer Zeit, da man weder
in Holland, noch in Deutschland das Griechische kannte. Auch
ist von den Erasmianern nie der Versuch ernsthaft gemacht
worden, den Nachweis für ihre Aussprache in der nachchristlichen
Zeit zu führen. Bei der Fülle der entgegenstehenden Urkunden
ist ihnen das doch gar zu gewagt erschienen. Sie haben sich
deshalb auf die Zeiten beschränkt, aus denen die Beweise gegen
sie nicht so erdrückend zahlreich vorliegen; aber Beweise für
sich haben sie in jenen alten Zeiten nicht gefunden. Sie tun
immer so, als müssten die Neugriechen die Berechtigung und
das Alter ihrer Aussprache beweisen. Durchaus nicht! Die
Neugriechen haben ja keine neue Theorie etwas Überliefertem
entgegengestellt, sondern sie haben nach 1528 fortgefahren zu
sprechen, wie sie es von ihren Vätern gehört hatten. Sie ver-
fechten keine philologische Konjektur, sondern sie tun gar nichts
weiter, als dass sie ihre Muttersprache mit ihrer ererbten Aussprache reden. Es kann nicht oft genug wiederholt werden:

Die Erasmianer müssen beweisen, positiv beweisen: nicht nur dass die Attiker des 5. Jahrhunderts anders gesprochen haben als die Neugriechen, sondern dass sie gleich oder ähnlich den Erasmianern gesprochen haben. Selbst wenn der Beweis gelingen sollte, der bisher noch nie gelungen ist, dass die Altgriechen vollkommen anders gesprochen haben als die Neugriechen, so ist die Sache für die Erasmianer dadurch gar nicht gebessert. Selbst dann erwächst ihnen noch kein Recht, sich eine künstliche Aussprache zu erdenken, lediglich gestützt auf die äußere Ähnlichkeit zwischen griechischen und deutschen Buchstaben. Selbst dann müssten sie sagen: die richtige Aussprache der alten Griechen kennen wir nicht, ergo sprechen wir, wie die neuen; — nicht aber: ergo sprechen wir so, wie die deutschen Lettern durch ihre Ähnlichkeit mit griechischen andeuten. Tun sie dies dennoch, so mögen sie es offen sagen: unsere Aussprache ist eine erfundene; sie ist so viel wert wie die französische, englische, russische; — nicht aber: sie ist die richtige oder auch nur die annähernd richtige.

Das historisch Überlieferte muss so lange für richtig angesehen werden, bis es als falsch erwiesen ist. Das Überlieferte ist die neugriechische Aussprache. Wer sie für falsch hält, muss es beweisen. Wer etwas anderes für richtig hält, muss das andere beweisen. Nur weil das bisher nie geschehen ist bezüglich der griechischen Aussprache, sind die Anhänger der historischen Überlieferung gezwungen, immer aufs neue die Unrichtigkeit der erfundenen Aussprache zu beweisen.

Zum Glück liegt die Sache so, dass die Erasmische Aussprache außer in Deutschland überhaupt in keinem der großen Kulturländer mehr wissenschaftliche Verteidiger findet. In England glaubt kein Mensch mehr an eine auch nur annähernde Richtigkeit der Aussprache des Griechischen nach englischer Art. In Frankreich wird an mehreren Anstalten schon längst die neugriechische Aussprache gelehrt; es ist die Frage einer kurzen Zeit, dass dort überall das Griechische mit der griechischen Aussprache eingeführt sein wird.

Auch in Deutschland ist mir außer unserm Blass aus neuerer Zeit Niemand bekannt geworden, der die holländische Aussprache, wie sie geht und steht, schriftstellerisch vertreten hätte. Selbst Georg Curtius hat das nicht getan. Die meisten deutschen Philologen kümmern sich um die Frage der griechischen Aussprache überhaupt nicht, weil sie das Griechische als tote Sprache, den griechischen Unterricht als toten Gegenstand betrachten. Würde das Griechische bei uns französisch ausgesprochen, es wäre ihnen vollkommen gleichgiltig. Es steht einmal im Lehrplan, es gehört zur sogenannten „klassischen Bildung"; was es sonst wert ist, geht den Stockphilologen nichts an. Er kann sich's nur als eine Büchersprache, nicht als eine wirklich einmal gesprochene Unterhaltungssprache denken.

Die Philologen von Ruf dagegen, die sich in Deutschland ernsthaft mit der Frage beschäftigt haben, sind samt und sonders als solche zu verzeichnen, denen die Richtigkeit der im Jahre 1528 erfundenen Aussprache in sehr verdächtigem Lichte erschien. Seit Gottfried Hermann hat eigentlich jeder bedeutendere deutsche Philologe an der holländischen Aussprache herumgedoktert. Jeder hat Verbesserungsvorschläge gemacht, von denen auch einige an diesem oder jenem Gymnasium praktisch ausgeführt worden sind. Aber zu einer entschlossenen Änderung aus dem Vollen werden deutsche Philologen erst dann den Schneid kriegen, wenn die hohe Obrigkeit es ihnen befiehlt.

So ist z. B. jener Satz aus der Schriftkunde der *Frères Ignorantins* nach Art der Blass: „Einfache Vokallaute können nicht durch zwei Zeichen dargestellt worden sein" (also αι, ει, οι) schon längst theoretisch in die Rumpelkammer geworfen, wenigstens für αι, welches mehrfach schon als ä gelehrt wird. Es ist unseren Philologen doch gar zu dumm vorgekommen, dass zwar u mit zwei Zeichen: ου, dagegen ä nicht mit αι soll geschrieben worden sein.

Genügten Autoritäten, um den unerschütterlichen Schlendrian deutscher Schulmänner ins Wanken zu bringen, — ganze Bände ließen sich mit Aussprüchen und Abhandlungen der bedeutendsten Männer füllen, d. h. mit den gewichtigsten Beweisen.

Auf Seiten der Erasmianer nichts als das ewige Wiederkäuen solcher unbewiesenen Gemeinplätze, wie: „Die Schrift muss ursprünglich phonetisch gewesen sein", — „Die Aussprache jeder

Sprache ändert sich mit der Zeit", — „Es ist nicht anzunehmen, dass die Griechen mehrere Zeichen für denselben Laut besessen haben". Es läuft im Grunde doch alles auf den schülerhaften Satz hinaus: „griechisches α sieht aus wie deutsches a, griechisches ι wie deutsches i, folglich $\alpha\iota = ai$." Man lese die ungeheure Litteratur der Erasmianer des 16. und 17. Jahrhunderts in der oft erwähnten *Sylloge* Haverkamps, — immer dasselbe leere Stroh. Und trotz allen Fortschritten der Einsicht in Wesen der Sprache und der Schrift, — besser ist es mit den Beweisgründen der Erasmianer seitdem nicht geworden, wie ich an ihrem neuesten Häuptling zu des Lesers und meiner Langweile habe nachweisen müssen.

Die Erasmianer haben sich eben im Rechte des Besitzes gefühlt und sich deshalb die Sache leicht gemacht. Auf allgemeine sprachwissenschaftliche Beweise haben sie sich nie eingelassen. „Alle Aussprachen ändern sich", das hat ihnen genügt; — in welchen Zeiträumen? das ist nie untersucht worden.

Auf Seiten der Reuchlinianer hat man leider auch viel zu viel sich auf die Quisquilienbeweise eingelassen. Man hat zu wenig Gewicht gelegt auf die Tatsache, die uns Reuchlinianer jeder Notwendigkeit eines Beweises entbindet: nämlich dass die Erasmische Aussprache eine willkürlich e r f u n d e n e ist. Man hat die Erasmianer als ebenbürtige, ernste Gegner behandelt, anstatt ihnen immer wieder den *Dialogus* des Erasmus, jenen Erzpossenstreich entgegenzuhalten. Ich wünschte, die in Paris zentralisirte, über die ganze Erde verbreitete *Association pour l'encouragement des études grecques* veranstaltete einen billigen Abdruck jenes *Dialogus* und verschenkte ihn an sämtliche Gymnasiallehrer, damit die doch einmal den Urgrund ihrer „altgriechischen Aussprache" von Angesicht zu Angesicht kennen lernten. Der Respekt vor jener alten Perrüke würde so arg in die Brüche gehen, dass fortan „Sie sind ein Erasmianer!" zu einer Beschimpfung werden möchte.

Die erste Spur einer sprachphilosophischen Lösung der Streitfrage habe ich bei dem alten Schulmann Erasmus Schmidt von Wittenberg (vergl. S. 14) gefunden. Der nimmt den natürlichen Standpunkt ein: die neugriechische Aussprache ist eine natürliche, altüberkommene; die des Erasmus ist eine künstliche, neu erfundene.

Schade, dass mit der Frage sich fast immer nur Stock-philologen beschäftigt haben! Man lese die verständige Äußerung Gibbons *(Decline and fall etc.*, Anmerkung zum Kapitel 66), der sich auf Untersuchungen im einzelnen nicht einlässt, aber über die abgeschmackte Behauptung, eine Aussprache könne sich schnell vollständig ändern (vom 4. bis zum 2. Jahrhundert v. Chr.) so urteilt:

„It must always appear most inaccountable, that so entire a change should have taken place amongst the Greeks themselves, in the pronounciation of their own tongue, even in so considerable a period of time as that which has elapsed since the ages of its ancient purity. It is easy to conceive how every other depravation and barbarism should have, by degrees, crept in upon the language; but that the ancient sound of its letters should be altogether lost, and now unknown in Greece itself alone of all the countries where it is recited, is not hastily to be believed.“

Gibbon hat damit den Kern der Sache getroffen: in Griechenland sollen die Griechen die Laute ihrer griechischen Sprache nicht kennen, die man in andern Ländern zu kennen vorgibt! — O, wie wird man einmal diese kindliche Anmaßung des Philologendünkels verlachen!

Ich habe schon gesagt: in neuerer Zeit hat von deutschen Philologen nur Blass die ganze Holländerei im Griechischen verteidigt. Aber die meisten Philologen folgen ihm im Stillen, da ihnen Neigung, Muße und neugriechische Sprachkenntnisse fehlen, um die Frage selbst zu prüfen.

Die bedeutendsten deutschen Grammatiker des Griechischen haben entweder Partei genommen für die neugriechische Aussprache; oder sie haben offen und ehrlich ihr Verharren beim Holländischen nicht durch wissenschaftliche Gründe, sondern durch den Schulschlendrian entschuldigt. Diesen Letzteren kommt es nicht so sehr darauf an, dass der Schüler irgendwelche Fertigkeit im Gebrauch des Griechischen erlange, sondern dass er im Exercitium nicht ein Wort mit η schreibe, welches mit ι oder $\varepsilon\iota$ geschrieben wird.

Den Ausspruch von Thiersch habe ich schon zitirt (S. 39). Auch sonst hat Thiersch bei jeder passenden Gelegenheit das Verkehrte der jetzigen Misshandlung des Griechischen auf unsern Schulen bekämpft. Auf der Philologen-Versammlung in Erlangen griff er auch die geradezu blödsinnige Methode an, nach welcher ein Wort in der Prosa so, in der Poesie ganz anders betont wird —: „Es ist endlich an der Zeit, nicht nur von dem Plateiasmos in der Aussprache der griechischen Vokale, sondern auch von der barbarischen Skandirung der Verse mit Aufopferung des Rhythmus und Accents abzulassen, damit nicht ferner dem Rhythmus und der Betonung der Worte zum Behuf des Versmaßes Gewalt geschehe und dem Kundigen durch das Radebrechen der alten Sprache ein Ärgernis gegeben werde."

Der alte Grammatiker Rost schrieb in seiner Grammatik: „Die Reuchlinische Aussprache lässt sich bis auf die Zeit vor Christi Geburt und zum Teil bis auf noch weit frühere Zeit als die richtige durch Zeugnisse belegen." — Ross, der berühmte Philologe und Archäologe, zugleich einer der hervorragendsten Inschriftenkenner des griechischen Altertums, hat nicht nur sein Lebelang die neugriechische Aussprache verfochten, sondern hat auch (vgl. seine „Inselreisen") den Nachweis der unzerstörten Gräcität der neugriechischen Sprache geführt, schon vor Ernst Curtius.

Das Bedeutendste, was in den letzten Jahren über die Frage gesagt worden, ist von den Herren Erasmianern vollkommen totgeschwiegen worden. Leider liegt es vergraben in den Verhandlungen der Philologenversammlung von Göttingen (1852). Es ist der glänzende Vortrag von Ellissen, einem ausgezeichneten klassischen Philologen und zugleich gründlichen Kenner des Neugriechischen.

Zehn Jahre darauf wurde abermals die Frage der griechischen Aussprache von der deutschen Philologenversammlung (in Frankfurt a. M.) durchgesprochen. Damals war es, wo Bursian äußerte: „Was die Konsonanten anbetrifft, so muss ich bestimmt aussprechen, dass ich bei keinem Konsonanten irgendwelchen Grund habe, von der neugriechischen Aussprache abzuweichen." Der Vorsitzende aber, Professor Eckstein, zog das Fazit der mehrstündigen Beratungen dahin: „Ich nehme als Resultat der eingehenden Besprechung so viel mit, dass in diesem Kreise doch keiner sich zum Verfechter der Erasmischen Aussprache aufgeworfen hat. Ich begrüße dies als ein glänzendes Resultat."

Das „glänzende Resultat" besteht darin, dass die deutschen Philologen nach wie vor die Erasmische Aussprache ihre Schüler lehren und sie dadurch unfähig machen, jemals aus ihrem Griechisch einen lebendigen Gewinn zu ziehen. *Vident meliora probantque, deteriora sequuntur.* So war es, so ist es, so wird es sein. *Amicus Plato, magis amicus Schlendrianus,* und was man sonst noch an Zitaten leisten könnte.

Es ist wahrhaftig ein trauriges Gefühl, welches Einen beim Vergleich des Gebahrens der klassischen Philologen mit dem anderer höherer Berufe erfüllt. Überall sonst sehen wir, wie man fort und fort bemüht ist, wissenschaftliche Irrtümer zu berichtigen, neue Entdeckungen für die Wissenschaft und für das Leben nutzbar zu machen. Man denke an die wie mit Sturmesflug über die ganze Erde gedrungene neue Methode der Wundenbehandlung nach dem Listerschen Verfahren! — Die klassische Philologie aber verharrt in ihrer Anwendung der Wissenschaft auf den Unterricht nach wie vor in dem Zustande, in dem sie vor 3—400 Jahren gewesen. Ihr ist alles unangenehm, was sie in ihrem Schlendrian stören könnte. Zu ihrer Kenntnis ist noch immer nicht gedrungen, dass die griechische Sprache in einem lebensfrischen Reis fortblüht; sie weiß nichts von der Struktur dieses „sprechendähnlichen" Sprösslings einer Sprache, für die sie doch so begeistert tut. Wahrlich: angesichts solcher Stumpfheit möchte man beinahe glauben, dass es nicht nur mit der Liebe für das griechische Altertum, für griechische Sprache, sondern auch mit dem echtwissenschaftlichen Sinn bei den Meisten der klassischen Philologen eitel Flunkerei ist.

IX.
Die Aussprache der Diphthongen.

αι.

Die Neugriechen sprechen *αι* wie *e* (abwechselnd offen oder geschlossen); die deutschen Erasmianer verlangen die breite Aussprache wie *ai.*

Warum soll *αι* im 5. Jahrhundert v. Chr. wie *ai* geklungen haben? Woher wissen sie das? Sie wissen überhaupt nichts; aber sie sagen (durch den Mund von Georg Curtius): „Die Geschichte der Diphthongen beginnt in der Regel damit, dass die beiden geschriebenen Elemente auch wirklich gehört wurden," gleich als seien sie „im Beginn" zugegen gewesen und hätten die Elemente selbst gehört.

Angenommen: *αι* sei wirklich „im Beginn der Geschichte der Diphthongen" wie *ai* gesprochen worden; was folgt daraus für das 5. Jahrhundert?! War dieses der Beginn? Oder nicht eher das Jahrhundert Homers? Wenn nun nachweislich in den vier Jahrhunderten vom 5.—1. Jahrhundert v. Chr. sich die angebliche *ai*-Aussprache des *αι* zu *ä* umgestaltet hat, — was hindert, dass das *ai* im 9. Jahrhundert sich bis zum 5. Jahrhundert v. Chr. gleichfalls zu *ä* gewandelt habe?

Positive Gründe für *αι = ai* haben die Erasmianer nicht den kleinsten. Sie behelfen sich daher mit *petitiones principii*, wie zumeist. Sie sagen (durch den Mund unseres Blass): „Wenn im Griechischen ein Laut durch *αι* ausgedrückt wird, so ist dies

naturgemäß(!) der aus *a* und *i*, die schnell nach einander gesprochen werden, entstehende, also *ai*." — Wir wollen wissen,
ob *au* = *ai* ist; Herr Blass sagt: „naturgemäß"!

Man setze in seiner Ausführung statt des Wortes „Griechischen" das Wort „Französischen", und der Unsinn wird klar.
Die Schriften mancher Völker sind eben so eigensinnig, dass sie
ai schreiben, wo *ä* oder sonst etwas gesprochen wird. Die
Italiener schreiben auch *ai*, aber sie sprechen es durchaus nicht
diphthongisch, wie wir in dem Worte „*Kaiser*". Die Schriften
verfahren eben nicht so „naturgemäß", wie sie es allerdings
tun würden, wenn sie von Herrn Blass erfunden worden wären.

Aber das Griechische selbst liefert den niederschmetternden
Beweis, dass es in ihm weder „Regel" noch „Natur" war, die
diphthongisch (d. h. zweilautig) geschriebenen Zeichen mit einem
aus schnellem Hintereinandersprechen entstehenden diphthongischen
Laut zu sprechen. Der einfache Grundvokal *u* wird von allen
Philologen aller Länder in dem aus zwei Zeichen bestehenden
ou erblickt. Wäre die „Regel" von Georg Curtius und die
„Naturgemäßheit" von Blass Gesetz in der griechischen Sprache
und Schrift, so müssten wir *ou* sprechen wie *o-ü*, d. h. wie ein
möglichst breites *oi!* Sobald die Erasmianer diese unentrinnbare
Folgerung zur Wahrheit machen, wird man ihnen ihr *au* = *ai*
zugeben.

Auch sonst verfahren sie selbst durchaus nicht nach ihrer
Regel. Sie sagen *a* = *a*, *v* = *ü*, aber sie folgern daraus nicht:
av = *aü*, so wenig wie sie aus *ε* = *e*, *v* = *ü* folgern: *ευ* = *eü*.

Dafür, dass die attischen Griechen überhaupt keine Freunde
der Diphthongen, der Vokalhäufung im Wort waren, zeugt die
Erscheinung, dass sie nach Möglichkeit die Vokale der Flexionssilben mit den Vokalen der Stammsilbe zu einem einzigen Vokal
verschmolzen. Möglich, dass die Ionier mit ihrer Neigung,
die Vokale nichtverschmolzen neben einander bestehen zu lassen,
auch *ai*, *au*, *oi* gesprochen haben. Aber wir haben es hier
nicht mit den Ioniern, sondern mit den Attikern zu tun, wie denn
ja die Erasmianer jede mit dem Neugriechischen übereinstimmende
Aussprache anderer Stämme als des attischen als nichtklassisch
verwerfen. Ich sage: es ist möglich, dass die Ionier, also
z. B. Homer, *ai*, *au*, *oi* breitmäulig gesprochen haben; aber

die Attiker haben selbst den Homer mit attischer Aussprache
gelesen.

Ginge es nach den Erasmianern, so erlebte die Sprachwissenschaft eine höchst merkwürdige Bereicherung. Jedermann
weiß, dass es in allen bekannten Sprachen als Regel gilt: Diphthongen sind von Natur lang. Die Erasmianer aber zwingen
uns, solche Diphthongen wie *ai* und *oi* in unzähligen Fällen für
kurz zu halten! Man denke: die griechische Sprache, die einen
Abscheu haben soll gegen die Betonung der drittletzten Silbe
bei langer letzter, betont ganz gemütlich: πόλεμοι, ἐπιστάμενοι,
ἐπίσταται, βούλεται, μοῖσαι, δύσκολοι. Ich erinnere mich noch
sehr deutlich, dass mir dies Stückchen schon in der Quarta zu
stark vorkam; aber was sollte ich machen? Das „*Credo quia
absurdum*“ habe ich erst später gelernt; aber für absurd habe
ich die Forderung, *ai* und *oi* für kurze Vokale zu halten, schon
damals angesehen. — Sowie man, gleich den Neugriechen (und
den Römern!) *ai* wie *ä* oder *e*, *oi* wie *i* spricht, ist die Schwierigkeit der Accentuirung sofort gehoben.

Auch sonst verlangt die Aussprache αι = ai, οι = oi u. s. w.
wunderliche Opfer des Verstandes. Gerade bei Homer müssen
αι und οι auch in anderen als in Flexionssilben unzählige Male
kurz gesprochen werden. Die Regel *vocalis ante vocalem brevis
est* gilt doch nur für das Lateinische! Wie erklären nun wohl
die Erasmianer das kurze αι in καί in einem Versstück wie

$$\text{ἠὲ καὶ οὐκί}\ (\text{Ilias II, 300})?$$

Oder die Kürze von καί und die Möglichkeit eines so argen
Hiatus wie des von *kai hai* in dem berühmten Leibverse der
Erasmianer:

$$\text{Ἀεὶ δὲ μαλακοῖσι καὶ αἱμυλίοισι λόγοισι —?}$$

Sie können ihn nicht erklären; in der neugriechischen Aussprache
dagegen wird καί (und andere Wörter auf αι) vor Vokalen regelmäßig in ι verkürzt, und dann erregt weder der Hiatus noch die
Länge des αι mehr Anstoß.

Während aber die Erasmianer für *oi* und *ai* die Möglichkeit
der Kürze behaupten, müssen sie für *ov*, also den einfachen
u-Laut, jene Möglichkeit ganz leugnen! Wer wird ihnen glauben,

dass im Griechischen u immer lang, oi und ai dagegen öfter kurz als lang waren?

Wenn wir über alle streitigen Vokale so unwiderlegliche Zeugnisse hätten, wie über $\alpha\iota = e$, so hätte es wahrscheinlich niemals eine Erasmische Aussprache gegeben. Die Erasmianer, die $\alpha\iota = ai$ für das 5. Jahrhundert nicht nachweisen können, bequemen sich dazu, wenigstens zuzugeben (Curtius, S. 20): „Gewiss ist, dass schon im Altertum selbst die diphthongische Aussprache sich zu verlieren begann." — „Im Altertum", — nur immer hübsch nebelhaft, damit ja nicht ein Hauch der neugriechischen Aussprache ins 5. Jahrhundert falle.

Womit könnte man wohl das Vorhandensein der Aussprache ai für $\alpha\iota$ in klassischer Zeit glaublich machen? Zunächst dadurch, dass es stets als l a n g e Silbe bei den Dichtern vorkommt. Das ist notorisch n i c h t der Fall. — Sodann, dass man etwa sagen könnte: es gehört zum W e s e n des Griechischen, solche breitmäuligen Laute wie ai (und oi, au) zu besitzen, ja sie zu bevorzugen, wie das bei der Häufigkeit von $\alpha\iota$ in Deklination und Konjugation ($\alpha\iota$, $\mu\alpha\iota$, $\sigma\alpha\iota$, $\tau\alpha\iota$, $\nu\tau\alpha\iota$, $\sigma\vartheta\alpha\iota$) der Fall sein würde. — In keinem Dialekt des Neugriechischen, in keinem Grammatiker des Mittelalters auch nur eine Andeutung einer solchen Aussprache. Etwas, was dem Griechischen im Gegensatz zu fast allen Sprachen der Welt (mit Ausnahme des Chinesischen und Finnischen) eigen gewesen sein soll, — keine Spur mehr davon in der mit solcher Zähigkeit am Leben erhaltenen griechischen Sprache!

Endlich müsste, wenn $\alpha\iota = ai$, $\varepsilon\iota = ai$ (oder meinetwegen gleich ei), $o\iota = oi$, $\varepsilon\upsilon = oi$ oder eu geklungen hätten, doch auf irgendeiner Inschrift e i n m a l $\alpha\iota$ mit ei, beide mit $\varepsilon\upsilon$ oder $o\iota$ verwechselt vorkommen. — Nichts! Alle Verwechselungen, die bei neugriechischer Aussprache möglich sind, kommen vor; aber keine der bei Erasmischer Aussprache so entschuldbaren Verwechselungen. Nicht der erbärmlichste Steinmetz in Böotien oder Thessalien, in Numidien oder Makedonien hat $\alpha\iota$ und $\varepsilon\iota$, $o\iota$ und $\varepsilon\upsilon$, oder $\alpha\iota$ mit $o\iota$, $\varepsilon\iota$ mit $\varepsilon\upsilon$ verwechselt! Wie sollte er auch? Man verwechselt wohl ai mit ei, ja mit oi; aber man verwechselt nicht $\ddot{a}$ mit i, $\ddot{a}$ mit ef, i mit $ef!$ Die einzige Ver-

wechselung, die sich zwischen „Diphthongen" findet, ist die zwischen
$\epsilon\iota$ und $o\iota$. Natürlich, denn beide lauten neugriechisch gleich! —
Wie nun aber, wenn sich Verwechselungen zwischen $\alpha\iota$ und
ϵ (in Dialekten auch η) zu Haufen nachweisen ließen? Würde
man auch gegen solche Sprache der Steine taub bleiben können? —
Sie sind taub geblieben, die Erasmianer, obgleich sie die Verwechselungen des $\alpha\iota$ mit ϵ kennen, — Verwechselungen auf
attischen Inschriften!

$\Pi OTI\Delta EATAI$ für $\Pi o\tau\iota\delta\alpha\iota\tilde{\alpha}\tau\alpha\iota$ findet sich auf einer attischen
Inschrift des 5. Jahrhunderts. — Im 3. Jahrhundert findet sich
$\Gamma ENHTE$ für $\gamma\acute{\epsilon}\nu\eta\tau\alpha\iota$ auf einer attischen Inschrift. — Es
ist bemerkenswert, dass auf attischem Boden sich nie eine Ver-
wechselung zwischen $\alpha\iota$ und η findet, sondern nur zwischen $\alpha\iota$
und ϵ, — ein Beweis zugleich, dass ϵ und η in der attischen
Aussprache stärker von einander verschieden gewesen sind, als
kurz e von lang e.

Auf böotischen Inschriften dagegen steht fast regelmäßig η
statt $\alpha\iota$; so in der schon zitierten Inschrift von Orchomenos: $\varkappa\epsilon\varkappa\acute{o}$-
$\mu\iota\sigma\tau\eta$ für $\varkappa\epsilon\varkappa\acute{o}\mu\iota\sigma\tau\alpha\iota$; $\chi\epsilon\iota\lambda\acute{\iota}\eta\varsigma$ für $\chi\iota\lambda\acute{\iota}\alpha\varsigma$, $'E\lambda\alpha\tau\acute{\iota}\eta\upsilon$ für $'E\lambda\alpha\tau\epsilon\iota\alpha\iota\omega$.

Wo solche Beweise aus Attika vorliegen, kann man auf das
schlechte Distichon des Alexandriners Kallimachos aus dem 3. Jahrhundert v. Chr. als Beweismittel verzichten. Kallimachos lässt
darin das Echo von $\nu\alpha\acute{\iota}\chi\iota$ $\varkappa\alpha\lambda\acute{o}\varsigma$ lauten: $\ddot{\alpha}\lambda\lambda o\varsigma$ $\ddot{\epsilon}\chi\epsilon\iota$. Das Echo
ist natürlich nur möglich, wenn *nechi* auf *echi* reimt.

Man hat gegen dieses, von mir hier nur ganz nebenbei
angezogene Beweisstück eingewendet: welch wunderbares Echo,
welches auf *nechi kalos* antwortet: *allos echi*. Die Frage ist
aber nicht: ist das Echo richtig; sondern: hat Kallimachos
es für ein richtiges Echo gehalten? — und das hat er
zweifellos getan.

Dass in den Papyrus-Manuskripten aus der alexandrinischen
Zeit sich sehr oft ϵ statt $\alpha\iota$ findet, beweist allerdings nur, dass
die Alexandriner $\alpha\iota$ wie e sprachen, und unsere mecklen-
burgischen oder westpreußischen Schulmeister würden sich aufs
tiefste beleidigt fühlen, wenn sie nur so gut Griechisch sprächen
wie die griechischen Dichter und Gelehrten von Alexandria!

Ebensowenig lege ich besonderes Gewicht darauf, dass die
griechische Bibelübersetzung der Septuaginta für hebräisches e

überwiegend *αι* setzt, z. B. *elim* wiedergiebt durch *αἴλειμ*, Beth-schemesch durch *Βαιϑσαμης* und *Βαιϑσαμες*, Bethhoron durch *Βαιϑωρον*. Es beweist das nur für die Art, wie die Septuaginta das Griechische hörten, nicht für die Aussprache der Griechen selber.

Merkwürdig nur, dass all e Ausländer, welche das Griechische der Griechen schriftlich nachahmen, *αι* durch ein Zeichen für den e-Laut ersetzen, resp. für ihren eigenen e-Laut *αι* anwenden! Dass bei den Römern griechisches *αι* vor Konsonanten, oft auch vor Vokalen, durch *ae* wiedergegeben wird, wissen schon die kleinen Gymnasiasten. Entweder muss man also annehmen: lateinisches *ae* wurde anders als deutsches *e* oder *ae* gesprochen, — oder: die Römer haben griechisches *αι* im 1. Jahrhundert v. und n. Chr. wie *e* und *ae* gehört. *Phaedra, Clytaemnestra, aether, Aeacus, Haemus* und was nicht alles — stehen für griechische Wörter mit *αι*. Und da, wo die Griechen lateinische Wörter griechisch schreiben, setzen sie für *ae* ihr *αι*, machen aus Caesar *Καῖσαρ*, aus Caecilius *Καικίλιος*, u. s. w.

Dass im Lateinischen das *ae* nicht wie *ai* gesprochen wurde, sehen wir aus den romanischen Tochtersprachen, die sämtlich lateinisches *ae* in *e* verwandelt haben. Die lateinische Schreib-weise *ai* statt *ae* war schon in den ältesten Zeiten nur graphische Eigentümlichkeit, denn sie findet sich abwechselnd mit *ae* auf den ältesten Schriftdenkmälern. Corssen (2. Auflage, Band I, S. 680) führt aus einer Gefäßinschrift vor 186 v. Chr. an: *Aecetiai, Coerae*. „In den datirten Konsularinschriften dieses Zeitalters findet sich ausschließlich *ae* geschrieben.“ Später taucht *ai* wieder auf, hat sich auch als graphische Schrulle bis spät in die Kaiserzeit erhalten; aber gesprochen wurde es wie *ae*. Corssen führt übrigens schon *e* statt *ai* oder *ae* „in einer der ältesten Inschriften von Latium“ an: in einem Dativ *Fortune*.

Das gelegentlich bei römischen Dichtern statt *ae* vor-kommende *ai* ist ein absichtlicher altertümelnder Schnörkel, der aus Rücksichten auf das Versmaß angebracht wurde, denn dieses *ai* ist stets zweisilbig. So bei Martial:

Attonitusque legis terraï frugiferaï.

Aus nachchristlicher Zeit braucht man Beweise für *αι* = *e* gar nicht zu sammeln; sie liegen auf der Gasse. Auf griechischen Inschriften des 1. und 2. Jahrhunderts n. Chr. wimmelt es von κε statt και, κιτε statt κειται, u. s. w.

Der Schmerzruf bei den griechischen Tragikern ist neben ι häufig αι. Wem es beliebt, sich die Griechen im Schmerz ai! schreiend zu denken, statt ä oder e, dem bleibe das überlassen.

Bei Homer fällt αι gelegentlich ganz aus; ich erinnere an Zusammenziehungen wie θεράπναις aus θεραπαίναις. Ein wie ai gesprochenes αι hätte der Ausstoßung stärkeren Widerstand geleistet.

Aber Homer war ja kein Attiker! — Ganz recht; aber dennoch kommen die Erasmianer da, wo es ihnen passt, stets mit „Beweisen" aus Homer. Da findet sich z. B in einigen Ausnahmefällen παΐς zweisilbig; daraus wird geschlossen, dass παις wie *pais* gesprochen wurde. Ich sehe dazu keine Notwendigkeit. Aber zugegeben: παΐς habe bei Homer *pais* gelautet, — was beweist das für das Attische? Im Gegenteil: Aristophanes tadelt gerade diese breitmäulige Aussprache (z. B. in οῖς, das Schaf) als spezifisch ionisch. Was konnte er damit nur tadeln wollen? Etwa die Aussprache *oïs?* Die wird doch durch seine eigene Metrik verlangt. Er kann nicht *oïs* und die vielen anderen Fälle der zweisilbigen, nichtdiphthongischen Aussprache „ionisch" genannt haben, denn die kommt bei attischen Dichtern häufig genug vor. Also was wohl? Doch nur eine von *oïs* abweichende Aussprache, in diesem Falle also *ois!*

Aber gelegentliches zweisilbiges παΐς bei Homer oder andern Dichtern zum Zweck der Metrik beweist ebensowenig für die regelrechte Aussprache von einsilbigem παις = *pais*, wie das zweisilbige *terraï* bei Martial nicht beweist, dass das regelmäßige *terrae* immer wie *terrai* gesprochen wurde. — Und dann: woher wissen wir überhaupt, dass παΐς bei Homer wie *pais* gesprochen wurde?! Wer sagt uns, dass nicht im Gegensatz zu παις = *päs* — παΐς wie *päis* gelautet hat? Die Sache stand doch so, dass in den attischen Manuskripten des Homer im 5. Jahrhundert παΐς genau so geschrieben war wie παις, und dass es dem Leser überlassen blieb, den Vers durch irgendwelche Veränderung der Prosa-Aussprache von παις = *päs* richtig zu machen. Der athenische Leser, der παις wie *päs* zu lesen gewöhnt war, machte in solchem seltenen Ausnahmefall aus *päs* einfach *päis*. — Es ist das natürlich nur eine Vermutung; aber sie ist genau so viel wert wie die Behauptung, dass παῖς*) nur wie *païs* gelesen worden sei. Auch wolle man bedenken, dass es sich doch nicht darum handelt, wie die Athener einige seltene Verse Homers deklamirt, sondern wie sie mit einander schlicht prosaisch verkehrt haben. Dass Griechisch eine Unterhaltungssprache war, das will den Schulmeistern gar nicht in den Kopf; ihnen gilt es nur für eine Sprache zum pathetischen Deklamiren von Rednertribüne und Orchestra.

Dass die Zeichen *AI* nicht immer auf die gleiche Weise gesprochen wurden, dass das *I* in zahllosen Fällen ganz stumm war, geben ja die Erasmianer selber zu, indem sie das sogenannte *Iota subscriptum* nicht sprechen. Ein *Iota subscriptum* gibt es aber erst seit der Einführung der Kurrentschrift; auf den Inschriften steht für ᾳ natürlich immer nur *AI*. Woher wissen nun die Erasmianer, dass dieses *I* stumm gewesen? Sie folgen hierfür, wie z. B. auch für *ov = u*, der lebendigen Überlieferung, welche sie sonst verleugnen.

Die Stellen bei den alten Grammatikern über die Aussprache des *αι* sind, wie meist, höchst konfus. Schrift und Laut wird von ihnen durcheinander gewürfelt, als wären sie deutsche Erasmianer gewesen. Der Einzige, der ganz klar für die nichtdiphthongische Natur des *αι* Zeugnis ablegt, Sextus Empirikus, lebte im 2. Jahrhundert n. Chr., ist also nur für die Aussprache seiner Zeit eine Autorität. Sein Zeugnis ist aber so schlagend und ist zugleich in seiner wissenschaftlichen Schärfe und Unzweideutigkeit eine so grosse Seltenheit in der grammatischen Litteratur der Alten, dass ich die Stelle im Wortlaut hersetze.

Sextus Empirikus schreibt im 5. Kapitel seines Werkes „Πρὸς γραμματικούς" (Ausgabe von Bekker S. 625):

„Τὸ γὰρ στοιχεῖον κριτέον μάλιστα ὅτι στοιχεῖόν ἐστιν, ἐκ τοῦ ἀσύνθετον καὶ μονοποιὸν ἔχειν φθόγγον, οἷός ἐστιν ὁ τοῦ α καὶ τοῦ ε καὶ τοῦ ο καὶ τῶν λοιπῶν. Ἐπεὶ οὖν ὁ τοῦ αι

---

*) Dass die Punkte über dem *ι* im Altertum nicht geschrieben wurden, vergessen viele Erasmianer auch gar zu gern.

καὶ εἰ φθόγγος *) ἁπλοῦς ἐστι καὶ μονοειδής, ἔσται καὶ ταῦτα στοιχεῖα. Τεκμήριον δὲ τῆς ἁπλότητος καὶ μονοειδέας τὸ λεχθησόμενον. Ὁ μὲν γὰρ σύνθετος φθόγγος οὐχ οἷος ἀπ᾿ ἀρχῆς προςπίπτει τῇ αἰσθήσει, τοιοῦτος ἄχρι τέλους παραμένειν πέφυκεν, ἀλλὰ κατὰ παράτασιν ἑτεροιοῦται· ὁ δὲ ἁπλοῦς καὶ ὄντως στοιχείου λόγον ἔχων, τοὐναντίον ἀπ᾿ ἀρχῆς μέχρι τέλους ἀμετάβολός ἐστιν." — — „αι — — οἷον ἀπ᾿ ἀρχῆς ἐξακούεται τῆς φωνῆς ἰδίωμα, τοιοῦτον καὶ ἐπὶ τέλει ὥστε στοιχεῖον ἔσται τὸ αι· τούτου δὲ οὕτως ἔχοντος, ἐπεὶ καὶ ὁ τοῦ ει φθόγγος καὶ τοῦ ου μονοειδής καὶ ἀμετάβολος ἐξ ἀρχῆς ἄχρι τέλους λαμβάνεται, ἔσται καὶ οὗτος στοιχεῖον."

Hieraus folgt, dass Sextus Empirikus αι und ει für ebenso einfache Vokale hielt wie ου, und er erklärt auch aufs genaueste, warum? Seine Definition vom Wesen des Vokallauts im Gegensatz zum diphthongischen kann von keinem modernen Sprachphysiologen an Richtigkeit und Schärfe überboten werden. Wenn αι wie ai gesprochen worden wäre, hätte er es nicht mit ου verglichen; er hätte dann nicht sagen können: αι ist kein zusammengesetzter Laut, sondern ein einfacher, der vom Anfang bis zum Ende seinen Klang nicht ändert. Das deutsche ai setzt mit einem a ein; jedes Ohr hört aus ai die Bestandteile a und i heraus.

Die Stelle bei Sextus Empirikus ist gerichtet gegen die sich am toten Buchstabenzeichen haltenden Grammatiker seiner Zeit, welche solche Verbindungen wie αι, ει, selbst ου bloß darum für Diphthongen erklärten, weil sie aus zwei φθόγγοι zusammengesetzt seien. Er sagt ihnen: zwei Buchstaben — ja, aber zwei Laute — nein, sondern ein einfacher Laut, wie ein u. Dass ä ein einfacher Laut ἀπ᾿ ἀρχῆς ἄχρι τέλους ist, ai dagegen keiner, weiß jeder Schuljunge.

Noch etwas anderes folgt aus jener interessanten Stelle. Nicht nur, dass auch ει kein Diphthong war, sondern dass es im 2. Jahrhundert n. Chr. überhaupt keine vokalischen Diphthongen gab! Was stellt nämlich Sextus den fälschlich

---

*) φθόγγος steht sonst bei den griechischen Grammatikern quer durcheinander für „Buchstabe" und „Laut". Hier kann es natürlich nur „Laut" bedeuten, denn dass αι und ει keine einfachen Buchstaben sind, ist klar.

für Diphthongen gehaltenen $\alpha\iota$, $\epsilon\iota$, $o\upsilon$ gegenüber als echte Diphthongen? Etwa $\alpha\iota$, $\epsilon\upsilon$, $\alpha\upsilon$? Durchaus nicht! Vielmehr Silben wie $\rho\alpha$! — Wer sich mit solchem Beweise nicht begnügt, der ist für einen richtigen Erasmianer zu anspruchsvoll, denn dieser begnügt sich sonst ja mit dem Beweise: $\alpha = a$, $\iota = i$, ergo $\alpha + \iota = ai$, obgleich $o + \upsilon$ nicht $= oy$, sondern $= u$!

Geschlagen durch die Inschriften, durch den Vergleich mit dem Lateinischen, durch die klarste Stelle bei den Grammatikern, durch die Sprache der Septuaginta, — kommen die Erasmianer zuletzt mit ihrer Krasis. $\varkappa\alpha\grave{\iota}$ $\grave{\epsilon}\gamma\acute{\omega}$ wird (in der Schrift!) zu $\varkappa\mathring{\alpha}\gamma\acute{\omega}$ — auf Inschriften natürlich einfach $KA\Gamma\Omega$, wenn es auf Inschriften vorkommen sollte —; folglich muss in $\varkappa\alpha\iota$ ein a-Laut gehört worden sein! Bei den Erasmianern nämlich gilt es als Glaubenslehre, dass bei der Wortbildung oder Wörterzusammenziehung immer nur Gleiches aus Gleichem entstehen kann. Es erscheint ihnen das — wie alles derartige — „selbstverständlich, einfach, natürlich."

Leider ist ihnen die griechische Sprache gar nicht zu Willen. Fortwährend lässt sie aus zwei Lauten einen dritten entstehen, der mit jenen nichts zu tun hat. Sie zieht ϵ und o — oder auch o und ϵ in u zusammen, macht aus $\alpha + o\upsilon$ o u. s. w. Aber dennoch bleiben sie dabei, dass a nur aus ai entstehen kann.

Ueberhaupt: welche rohe, äußerliche Auffassung von der Krasis! Weil die Schreiber beim Zusammenziehen zweier Wörter vom ersten Wort den letzten Buchstaben, vom zweiten Wort den ersten Buchstaben wegließen, weil sie aus KAI $E\Gamma\Omega$ machten $KA\Gamma\Omega$, darum muss KAI wie kai gesprochen worden sein! Dass es nicht einmal feststeht, ob das a in $\varkappa\mathring{\alpha}\gamma\acute{\omega}$ wie jedes beliebige andere α ausgesprochen wurde, habe ich schon wiederholt angedeutet. Aber dass aus $k\ddot{a}$ ego ebenso gut $kago$ hätte werden können, wie aus kai ego, habe ich durch den Vergleich mit neugriechischem $\varkappa\iota'$ $\grave{\epsilon}\gamma\acute{\omega}$ oder $\varkappa'$ $\grave{\epsilon}\gamma\acute{\omega}$ (beides: $kjego$) aus dem ke ego gesprochenem $\varkappa\alpha\grave{\iota}$ $\grave{\epsilon}\gamma\acute{\omega}$ bewiesen.

Ferner: wie denkt man sich das Entstehen von $kata$ aus kai $aita$ ($\varkappa\mathring{\tilde{\alpha}}\tau\alpha$ aus $\varkappa\alpha\grave{\iota}$ $\epsilon\tilde{\iota}\tau\alpha$). Man erwartet doch gewiss eher $kaita$. Ich glaube, dass $\varkappa\mathring{\tilde{\alpha}}\tau\alpha$ garnicht einmal wie $kata$ zu sprechen ist, sondern wie *kita* (oder nach neugriechischem Vorgang *kjita*), entstanden aus *kä ita.*

Solche Krasen wie ἐγῷμαι aus ἐγώ οἶμαι sind auch nur auf Grund neugriechischer Aussprache zu erklären; im Neugriechischen wird aus *o* + *i* in der Krasis *o*: z. B. ἐγώ 'μαι aus ἐγώ εἶμαι. Dass dagegen ein so schwerer, betonter Diphthong wie *oi* ganz verschluckt worden sei, eher als *o*, das zu glauben mute man denen zu, die sich nicht wundern, dass *ai*, *oi* in der Flexion kurz gewesen sein sollen, dass aus *therapainais therapnais* werden konnte, dass auf ältesten attischen Inschriften statt *AI* oft ein *E*, auf den böotischen meist ein *II* steht.

Eine Krasis wie κοὐδέν aus καὶ οὐδέν, mit Wegfall des schwer wiegenden *ai*, ist auch viel unerklärlicher, als die aus *ke uden* zu *kuden.* — Auch deute ich hier nur nebensächlich darauf hin: ist es nicht wunderbar, dass ein so flüchtiger Satzteil wie „und" im Griechischen durch ein schwerfälliges *kai* soll ausgedrückt worden sein?

Die Erasmianer betrachten das Griechische ganz losgelöst von allen sprachwissenschaftlichen Erfahrungen. Und doch: für alle Eigentümlichkeiten der neugriechischen Aussprache bieten die Vergleiche mit Vorgängen in anderen Sprachen und Schriften überwältigend viel Material. So auch für die Krasis. Es gibt kaum eine Sprache, in der sie nicht vorkommt, — keine, in der nicht aus zwei Lauten ein dritter ganz verschiedener hervorgeht. Zwischen den zwei zu einer Krasis beitragenden Lauten ist mehr, als die Schulweisheit der Erasmianer sich träumen lässt. Aus „*in dem*" wird *im*; aber aus „*mit dem*" wird nicht *mim.* Warum? —

Im Französischen fließt *de le* zu *du* zusammen! Aber wo in *de* oder *le* steckte der ü-Laut?! — Aus *à le* wird *au*; wo ist der o-Laut in *à* oder *le?* Dagegen wird *de la* nicht in *da* zusammengezogen. Warum? —

Und da wollen die Erasmianer ganz genau wissen, dass nur aus *kai ego* ihr *kayo* werden konnte!

εἰ
—

Im Neugriechischen klingt εἰ wie *i*; die Holländer und
Deutschen sprechen es wie *ai*, denn der gewollte Unterschied
zwischen *ai* und *ei* bleibt ein frommer Wunsch für die Praxis.
Die Erasmianer haben auch für ihre Aussprache des εἰ
keinen andern Grund als den herrlichen für das *αι*, nämlich:
ε = *e*, ι = *i*, folglich ε + ι = *ei*. Sie kleben, wie immer, am
geschriebenen griechischen Buchstaben und an dessen Ähnlichkeit
mit einem deutschen. Wären die Griechen bei ihrer alten Schreibweise geblieben, so würden die Erasmianer heute *e* sprechen,
denn *EI* wurde erst im Jahre 403 v. Chr. eingeführt; vorher
schrieb man *E* (sowohl für ε, wie für η und εἰ). Zum mindesten
müssten die Erasmianer alles vor dem Jahr 403 mit *E* Geschriebene
an den betreffenden Stellen wie *e* sprechen. Nach ihrer gewöhnlichen
Anschauung von der Entwickelung der Schrift im Verhältnis zur
Sprache müssen sie folgerichtig sagen: bis zum Jahre 403 wurde
in *E* nur ein *e*-Laut gehört; erst als die Aussprache sich in
gewissen Wörtern in *ei* verwandelte, führte man das *EI* ein.
Denn wie sagt Blass, der Schriftkundige? „Die griechischen
Zeichen sind nach ihrem ursprünglichen und vollen Wert auszusprechen. Das heißt dann wie im Deutschen, indem (!) in
unserer Sprache dasselbe Prinzip besteht; aber keineswegs*)
ist die deutsche Aussprache als solche maßgebend." — „Da nun
die Altgriechen keine Rücksicht auf eine vorausgehende höher
gebildete Sprache zu nehmen hatten, so müssen sie ursprünglich
mit der Schrift dem wirklichen Laut so nahe als möglich zu
kommen gesucht haben." — „Außerdem aber hatten die Athener
noch keine Grammatiker und Etymologen, die eine historische
Schreibweise hätten herbeiführen können: kein andres Prinzip als
das phonetische konnte gelten."
Trotzdem sprechen die Erasmianer in allen Werken vor 403

---

*) Ich verwahre mich dagegen, dass ich diesem kostbaren
Satz, einer Perle der Logik, auch nur ein Wort hinzugefügt hätte;
es ist alles unverfälschte Philologen-Logik.

das E je nachdem wie $\breve{e}$, wie ai oder $\bar{e}$! — Warum? Weil sie aus der Inschriftenkunde wissen, dass der Buchstabe E nach 403 in vielen Wörtern durch EI, in anderen durch H ersetzt wurde, und weil sie daraus schließen, nicht mit Unrecht, dass trotz dem „phonetischen Prinzip" der „ursprünglichen" Griechen das E nicht immer wie e gesprochen worden ist.

Hören wir die Gründe, aus denen die Erasmianer $\varepsilon\iota = ei$ setzen. — Gründe? *Stat pro ratione voluntas!* Curtius kämpft nur lebhaft gegen die Aussprache $\varepsilon\iota = ai$, was ja ganz brav ist, aber nicht verhindert hat, dass von 10000 Gymnasiasten 9999 $\varepsilon\iota$ wie ai sprechen lernen. Aber irgend einen Grund für $\varepsilon\iota = ei$ bringt er nicht bei. — Blass sagt schlankweg: „$\varepsilon\iota = ei$. Natürlich nicht gleich dem gewöhnlichen deutschen ei." — Dann nimmt er den Anlauf zu einem „Grunde": — „Ich glaube nicht, dass hier ein Zweifel vernünftiger Weise aufkommen kann, da der Laut eines einfachen i, wenn nicht immer, so doch hie und da mit dem einfachen Zeichen geschrieben sein müsste." — Er will sagen: es müsste doch gelegentlich statt $\varepsilon\iota$ aus Versehen ein ι geschrieben stehen. Also hier will er sich durch orthographische Fehler auf Inschriften überzeugen lassen; findet er aber ε statt $\alpha\iota$, ι statt v, η statt ι, $\varepsilon\iota$ statt η u. s. w., so geht er blind daran vorüber.

Nun ist allerdings m e h r a l s e i n m a l ι statt $\varepsilon\iota$ geschrieben worden; in Attika seltener, in den andern Provinzen unzählige Male. Auf einer attischen Vase des 4. Jahrhunderts steht $XIP\Omega N$ statt $XEIP\Omega N$. — Aber schon bei Homer findet sich die Verkürzung von $\varepsilon\H{\iota}\varkappa\varepsilon\lambda o\nu$ in $\H{\iota}\varkappa\varepsilon\lambda o\nu$ (Ilias, V, 450).

Übrigens: falls ι n i c h t statt $\varepsilon\iota$ vorkäme, was wäre damit für $\varepsilon\iota = ei$ bewiesen? Nicht das Geringste! Es wäre nur bewiesen: $\varepsilon\iota$ vielleicht nicht g a n z gleich dem ι; aber w i e von ι verschieden, das wissen weder Erasmianer noch Reuchlinianer. Dass aber $\varepsilon\iota$ dem ι außerordentlich ä h n l i c h geklungen, das steht außer Frage. Ist somit die alte Aussprache von $\varepsilon\iota$ unbekannt, wollen wir ihr aber wenigstens n a h e kommen, so bleibt eben nur das überlieferte i. Nichts aber gibt uns ein Recht, das deutsche ei willkürlich dafür einzusetzen. — Dieses Verfahren empfiehlt sich in allen Fällen, in denen die volle Gleichheit zwischen neugriechischer und altgriechischer Aussprache sich nicht über jeden Zweifel erheben lässt.

Einen Beweis für $\varepsilon\iota = ei$ gibt es nicht; keinen Schatten eines solchen. Wohl aber spricht sehr vieles dagegen. Wer dem Echo des Kallimachos (vgl. S. 106) keinen Glauben schenkt, wonach ῥαίχι mit ἔχει reimt, der wird auch nichts auf das schlüpfrige Wortspiel der Thaïs (Athen, 4. Jahrhundert) mit Αἰγεῖ und αἰγί geben. Ich bekenne, dass ich selbst keinen Beweis darin erblicke, denn es ist Eusthatios, der die Geschichte erzählt, und dessen Aussprache beweist nichts für die des 4. Jahrhunderts v. Chr. Für die Erasmianer freilich ist er die höchste Autorität, denn ihm verdanken sie ja das berühmte βῆ βῆ der altattischen Schöpse.

Etwas wertvoller erscheint mir die Stelle in Platons „Kratylos", wo er Ποσειδῶνα zusammenbringt mit ποσίδεσμον und hinzufügt, das ε in Ποσειδῶνα sei wohl nur ein orthographischer Zierat (τὸ δὲ ε ἔγκειται ἴσως εὐπρεπείας ἕνεκα). Ich weiß wohl, dass die Etymologien im „Kratylos" nicht ernst gemeint sind; aber hier handelt es sich für uns nicht um die Etymologie von Ποσειδῶνα, sondern darum, ob Plato einen Gleichklang seinen willkürlichen und spaßhaften Etymologien zu Grunde gelegt hat, und das ist fast bei allen der Fall. Der „Kratylos", für die griechische Etymologie wertlos, ist für Aussprachefragen eine nicht zu verachtende Quelle.

Dafür, dass im übrigen Griechenland schon im 4. Jahrhundert ει mit ι verwechselt wurde, wimmelt es von inschriftlichen Zeugnissen. Auf einer kretischen Inschrift steht ἰρήνας statt εἰρήνας. Auf den böotischen Inschriften ist ι statt ει fast die Regel: ἀί statt ἀεί, γίτων statt γείτων, ἐπιδεί statt ἐπειδή; ἴκατι statt εἴκοσι; umgekehrt auch häufig ει statt ι, so in χειλίης statt χιλίας. — Φειδίας und Ἐπαμεινώνδας werden böotisch Φιδίας und Ἐπαμεινώνδας geschrieben. Ist wohl anzunehmen, dass die Böotier das ι in dem Namen ihres Landsmannes Epaminondas wie ei gesprochen?

Auf den Inschriften von Dodona, herausgegeben von Karapanos, findet sich (Tafel XXXIV No. 3): Διεί statt Διί, ἰς statt εἰς, — also ein vollständiges Durcheinander von ει und ι.

Solchen Tatsachen gegenüber bequemen sich die neuesten ernsten Grammatiker des Griechischen, sonst dem Itazismus eher feindlich als freundlich, doch zu dem Geständnis: „Alles beweist, dass die Aussprache des ει zu allen Zeiten ein sporadisches Ausweichen

der Orthographie zum *ι* nahe legte" (Gustav Meyer). — Und
Brugmann sagt, allerdings ohne einen Beweis für den ersten
Teil seiner Behauptung zu versuchen: „*ει* war im Attischen um
500 v. Chr.: Diphthong (ja, aber welches Klanges?!), um 400:
geschlossenes *e*, um 200: *i.*" Für Böotien und Arkadien dagegen gibt er den Wandel von *ει* in *i* schon für das 5. Jahrhundert als „vollzogen" an!

Vom 3. Jahrhundert v. Chr. ist allerdings der *i*-Laut des
ει für die gesamte griechische Welt nicht mehr zu leugnen.
Die Septuaginta setzen für hebräisches *i* überwiegend *ει*: *elohim*
wird *ἐλωειμ*; *Ofir Οφειρ*; *Jairi Ἰαειρι*, *Jehudith Ἰουδειϑ*,
Cheruwim Χερουβειμ.

Auf Papyrusrollen aus der Zeit der Ptolemäer stehen Verwechselungen wie *ἰμί* statt *εἰμί*, *ἐστείν* statt *ἐστίν*, *πολείτης*
statt *πολίτης*, *νείκη* statt *νίκη*.

Es nützt den Erasmianern auch nichts, dass sie höhnisch
fragen, ob das Griechisch der Alexandriner oder der Septuaginta
etwa edles Griechisch gewesen? Es handelt sich gar nicht um
die Richtigkeit der Sprache, sondern nur um die Orthographie.
Es ist begreiflich, dass alexandrinische Griechen — zumal in
Manuskripten, nicht in Steinschrift — sich nicht an die strenge
Rechtschreibung der Athener banden, sondern bei der Fülle der
durch mehrere orthographische Schichten entstandenen Zeichen für
i ebenso konfus wurden, wie heute ein Engländer. Das Griechische
der Papyrusrollen lässt sprachlich nichts zu wünschen übrig, denn
man darf es wohl nicht schlechtes Griechisch, sondern nur wirre
Orthographie nennen, wenn z. B. in dem Kodex des Hyperides
aus dem 2. Jahrhundert v. Chr. sich findet: *βέλτειον* statt *βέλ-
τιον*; *ἐτειμήϑη* statt *ἐτιμήϑη*; *καταλίπεται* statt *καταλείπεται*.

Dieser Kodex, gefunden in den 40er Jahren in einem Grabe
bei Theben in Oberegypten, in Deutschland herausgegeben von
Schneidewin (Berlin 1853), verdient eine besondere Betrachtung.
Er hat nach dem Urteil aller Schriftgelehrten ein Alter von
2000 Jahren; enthält eine Rede des großen athenischen Redners
Hyperides (4. Jahrhundert v. Chr.); ist in gutem Griechisch geschrieben. Nur in den meisten der Vokale, um welche heute
zwischen Erasmianern und Reuchlinianern gestritten wird, zeigt
er die größte Verwirrung! Ich habe 47 Fälle gezählt (in 360

Druckzeilen), in denen das *Iota subscriptum* — oder vielmehr *adscriptum* — falsch zugesetzt oder weggeblieben, ein Beweis, dass es damals stumm war, was ja auch von den meisten Erasmianern zugegeben wird.

Ausserdem wimmelt es von Verwechselungen der Vokale ι, $\epsilon\iota$, η; hin und wieder werden auch $\alpha\iota$ und ϵ, ι und υ verwechselt. Da finden wir $\gamma\varrho\alpha\iota\varphi\eta$ statt $\gamma\varrho\alpha\iota\varphi\epsilon\iota$, $\alpha\delta\iota\varkappa\iota\alpha$ statt $\alpha\delta\iota\varkappa\epsilon\tilde{\iota}$ $\ddot{\alpha}$, $\mu\epsilon\iota\sigma\epsilon\iota\varsigma$ statt $\mu\iota\sigma\epsilon\iota\varsigma$, $\dot{\alpha}\varphi\epsilon\iota\gamma\mu\epsilon\nu\sigma\nu$ statt $\dot{\alpha}\varphi\iota\gamma\mu\epsilon\nu\sigma\nu$, $\varkappa\alpha\tau\alpha\gamma\epsilon\iota\nu\omega\sigma\varkappa\sigma\mu\epsilon\nu$ ($\epsilon\iota$ statt ι), $\varDelta\iota\nu\alpha$ statt $\varDelta\iota\alpha$, $\mu\epsilon\iota\varkappa\varrho\alpha$ ($\epsilon\iota$ statt ι), $\sigma\nu\nu\iota\lambda\epsilon\varkappa\tau\alpha\iota$ (ι statt $\epsilon\iota$), $\varkappa\alpha\varkappa\sigma\eta\vartheta\iota\alpha$ (ι statt $\epsilon\iota$), $\dot{\iota}\varsigma\alpha\gamma\gamma\epsilon\lambda\iota\alpha\varsigma$ (ι statt $\epsilon\iota$), $\pi\lambda\eta\sigma\iota\alpha\sigma\eta$ statt $\pi\lambda\eta\sigma\iota\alpha\sigma\epsilon\iota$, $\epsilon\varkappa\lambda\epsilon\lambda\iota\mu\mu\epsilon\nu\alpha\iota$ (ι statt $\epsilon\iota$), $\dot{\iota}\pi\epsilon\iota\sigma\chi\nu\epsilon\iota\tau\sigma$ ($\epsilon\iota$ statt ι), $\varDelta\iota\sigma\pi\iota\vartheta\eta$ statt $\varDelta\iota\sigma\pi\epsilon\iota\vartheta\eta$, $\dot{\iota}\varkappa\varrho\epsilon\iota\nu\alpha$ ($\epsilon\iota$ statt ι); endlich: $\psi\eta\varphi\iota\sigma\alpha\sigma\vartheta\epsilon$ statt $\psi\eta\varphi\iota\sigma\alpha\sigma\vartheta\alpha\iota$, und gar statt $\dot{\iota}\pi\epsilon\varrho\epsilon\vartheta\eta\varkappa\epsilon$: $\dot{\iota}\pi\epsilon\varrho\epsilon\vartheta\epsilon\iota\varkappa\alpha\iota$. Ich nannte den Codex „in gutem Griechisch geschrieben". Ich halte diese Benennung aufrecht: denn außer jenen begreiflichen Verwechselungen gibt es darin nur sehr wenige offenbare Flüchtigkeitsfehler, wie z. B. $\dot{\alpha}\chi\varrho\eta$ statt $\dot{\alpha}\chi\varrho\eta$. Die meisten derselben sind nachträglich von dem Schreiber verständnisvoll verbessert worden. Gelegentlich hat er sogar Verwechselungen von η mit $\epsilon\iota$, und umgekehrt, wieder gut gemacht, z. B. ein falsches $\psi\epsilon\nu\delta\epsilon\iota$ nachträglich verbessert in richtiges $\psi\epsilon\nu\delta\eta$, η $\tau\alpha\varsigma$ in richtiges $\epsilon\iota$ $\tau\alpha\varsigma$.

Wer auch immer der Schreiber jener wiedergefundenen „verlorenen Handschrift" gewesen ist (vielleicht sogar ein Athener), — er hat das Griechische nicht „mishandelt", mit welchem leichtfertigen Urteil die Erasmianer solchen Papyrusmanuskripten gegenüber gleich bei der Hand sind. Eigentliche Fehler im Griechischen enthält der Kodex keinen einzigen; nur Schreibfehler, aber keinen, der nicht auch auf athenischen Inschriften aus allerbester Zeit vorkommt. Sämtliche Konsonanten sind richtig gesetzt; dass vor δ statt $\varkappa$ immer γ ($\epsilon\gamma\delta\iota\delta\sigma\sigma\vartheta\alpha\iota$) steht, wird dem Schreiber eher zur Bestätigung seines feinen Sprachgefühls gereichen als zum Vorwurf; — ich erinnere an attisches $\ddot{\sigma}\gamma\delta\sigma\sigma\varsigma$. Das heutige Griechisch schreibt zwar $\epsilon\varkappa\delta\acute{\sigma}\tau\eta\varsigma$, spricht aber $\epsilon\gamma\delta\acute{\sigma}\tau\eta\varsigma$. — Nie verwechselt der Schreiber sonst γ mit $\varkappa$, nie β mit π oder φ, nie ζ mit σ oder δ, nie δ mit τ, nie τ mit ϑ. Aber auch nicht $\alpha\iota$ mit $\epsilon\iota$, nicht $\epsilon\iota$ mit $\sigma\iota$ oder $\epsilon\upsilon$. Kurz: nirgends eine der Verwechselungen, welche ihm die Erasmianer ach! so gern verzeihen würden; dagegen fast alle jene, welche jeder in der historischen Orthographie des Griechischen nicht vollkommen sattelfeste Neugrieche begeht. Er hat Kenntnis vom Vorhandensein solcher graphischen Unterschiede wie *ι*, *η*, *ει*, *υ*, oder *αι* und *ε*; aber er erinnert sich nicht immer, mit welchem jener Zeichen das betreffende Wort gerade geschrieben werden muss.

Natürlich ist dieser Kodex die Abschrift eines anderen, dieser wiederum die eines anderen; und so fort, bis wir auf ein Original aus Athen kommen. Sollten nun wirklich alle jene Verwechselungen der Vokale nur außerhalb Athens verschuldet worden sein? Dass sie häufiger sind als die auf den Stein-inschriften, darf nicht Wunder nehmen: bei einer Handschrift ist man nicht so peinlich, wie beim Meißeln in Stein. Wenn aber schon in den Steininschriften aus Attika Verwechselungen von *ι*, *η*, *ει*, *υ*, von *αι* und *ε* gelegentlich sich zeigen, — wie muss es damit erst in den Handschriften der Attiker ausgesehen haben!

Die Verbesserungen, welche der Schreiber des Papyrus des Hyperides nachträglich vorgenommen, zeigen ihn uns als einen gewissenhaften Arbeiter; die Fehlerlosigkeit, sobald nicht die unseligen *ι*, *η*, *ει*, *υ; αι* oder *ε* in Frage kommen, beweist, dass er Griechisch gut verstand. So bedeuten denn seine Fehler: dass ein gebildeter Grieche des 2. Jahrhunderts v. Chr. nicht im Stande war, die Laute der genannten Zeichen mit dem Gehör deutlich zu unterscheiden.

Die Römer haben griechisches *ει* durch langes *i* wieder-gegeben. Wer also dem lateinischen *i* nicht den *i*-Laut bestreitet, muss zugestehen, dass im 2. Jahrhundert v. Chr. die Römer das *ει* wie *i* sprechen hörten. Es kann damals auch nicht ein Mittel-laut zwischen *i* und *e* gewesen sein, denn sonst hätten die Römer es durch ihr *e* bezeichnet, dessen Mittellaut zwischen *i* und *e* von Quintilian mit deutlichen Worten überliefert wird. So wurde aus *Πειραιεύς Piraeus;* so aus *Φειδίας Phidias;* aus *Νεῖλος Nilus;* aus *Χείρων Chiron* etc. etc. Cicero spricht in einer seiner Briefe ausdrücklich von einer schmutzigen Bedeutung des *bini,* falls man es griechisch schreibe: βινεῖ; hätte er das βινεῖ wie *binei* gesprochen, so konnte das unschuldige lateinische *bini* nichts Arges bedeuten.

Griechisches ει und lateinisches langes *i* decken sich so vollkommen, dass auch die Griechen bei Übertragungen römischer Wörter für *i* meist ει setzen, obgleich sie doch selbst ein langes ι hatten. Wahrscheinlich wurde ει besonders lang gesprochen. Strabo übersetzt *Ligeris* durch Λείγηρ, *Liris* durch Λεῖρις, *Pisae* durch Πεῖσαι. Aus *Aufidius* wird Ἀφείδιος, was zugleich lehrreich ist für die Beurteilung des griechischen αυ. Wäre αυ wie *au* gesprochen worden, so hätte es heißen müssen: Αὐφείδιος; da aber das υ in αυ wie *j* klang, so konnte es wegbleiben: das φ vertrat seine Stelle mit.

Im 2. Jahrhundert n. Chr. fangen die Grammatiker sogar an, Kritik zu üben an der Überflüssigkeit des ε in ει. Sextus Empirikus nennt ει einen einfachen Vokal, nicht einen Diphthongen; also gleich dem ου (vgl. S. 109). An einer anderen, meines Wissens bisher übersehenen Stelle sagt er sogar ausdrücklich (*ed. Bekker,* S. 638), es mache nur einen Unterschied der Silbenlänge, ob man εὐχάλινον oder εὐχάλεινον; εἰώδινας oder εἰώδεινας schreibe, sonst keinen.

Überhaupt sollten den Sextus Empirikus unsere Erasmianer etwas sorgfältiger lesen. Der sagt ihnen so derb wie möglich, dass die Philologen sich hüten sollen, Sprachgesetze künstlich zu konstruiren; dass sie vielmehr dem Gebrauch, der Tradition folgen sollen.

Bei Aulus Gellius heißt es sehr verständlich: „*Graecos non tantae inscitiae arcesso, qui ου ex O et Υ scripserunt, quantae qui ει ex E et I; illud enim inopia fecerunt, hoc nulla re subacti.*" Also den *u*-Laut durch zwei Zeichen auszudrücken, entschuldigt er, denn die Griechen hatten kein einfaches Zeichen für *u*; das ει aber hält er für überflüssig, offenbar mit Rücksicht auf das vorhandene ι.

Hier kann ich die Geschichte des ει abbrechen. Vom 5. Jahrhundert v. Chr. bis zum 2. n. Chr. — überall Zeugnisse für eine Aussprache, welche dem *i* ähnlicher war als irgendeinem andern Laut. Dagegen für die Aussprache wie *ei* nicht der leiseste Anhalt.

Der Einwand: warum haben denn die Griechen um 403 v. Chr. das *EI* eingeführt, da sie doch das *I* hatten? — erledigt sich durch die Erwägung: die Griechen werden damals wohl das *EI* um eine feine Färbung anders gesprochen haben, als das *I*. Sollten die Erasmianer jenen feinen Nebenton des *EI* entdecken, so mögen sie ihn mir verraten. So lange halte ich mich an die zweitausendjährige Überlieferung des $\varepsilon\iota = i$, die vielleicht nicht ganz das Richtige trifft, aber nicht ganz so ins Falsche verfällt, wie $\varepsilon\iota = ei$.

Erst während des Druckes gelangte ich dazu, Einsicht zu nehmen in den wertvollen Aufsatz von Albrecht Weber: „Indische Beiträge zur Geschichte der Aussprache des Griechischen" (Dezemberheft — 1871 — der Berliner akademischen Monatsberichte). Es handelt sich darin um eine Zusammenstellung indischer Wörter in griechischer Übertragung, griechischer in indischer, — und zwar zum Teil schon aus dem 4. Jahrhundert v. Chr.

So arg nun auch die Inder mit griechischen Wörtern umgegangen sind, oder die Griechen mit indischen, — gewisse Schlüsse auf die Aussprache des Griechischen lassen sich dennoch ziehen. Dass $\varepsilon\iota = i$ geklungen, ergibt sich aus Webers Zusammenstellung mit Gewissheit. Die Griechen machten aus *Kaschmira*: Κασπειραιοι; aus *Nanagiri*: Ναναγειροι; aus *Adisathra*: Ἀδεισαϑρος; aus *Irina*: Εἰρινον.

Auch η steht gelegentlich für indisches *i*, aber selten: Ἀβηρια für *Abhiria*, — indisches *i* für griechisches η, lateinisches *e*: *dinara* für δηναριον.

Im übrigen wird v sehr oft durch indisches *i*, $\alpha\iota$ entweder durch *ai* oder *ae* vertreten. Aus αv wird *avu* oder *au*; gelegentlich auch *a* oder *o*. Es findet sich δενος für *deva*.

Das ϑ wird fast immer durch indisches *th* übersetzt, $v\tau$ meist durch *nd* (*kendra* für κεντρον), obgleich *nt* oder *ntr* eine ganz gewöhnliche Konsonantenverbindung im Sanskrit ist.

Für den Wert des β sind lehrreich solche Fälle wie: Βιβασις für *Vipatsch*; aber auch Ἰφασις für dasselbe Wort.

οι.

Die Holländer und Deutschen sprechen es wie *oi*, die Griechen wie *i*. Gibt es einen positiven Beweis, dass die Aussprache im 5. Jahrhundert v. Chr. *oi* gelautet? Keinen! — Gibt es Anzeichen dafür, dass der Gleichklang zwischen *οι* und *ι* bis ins 5. Jahrhundert v. Chr. zurückreicht? Mehrere.

Die Erasmianer haben sich zwei Beweise zurechtgemacht. Der eine lautet: *o* = *o*, *ι* = *i*, folglich *οι* = *oi*. Diesen schönen Beweis kennen wir schon. — Sie setzen hinzu: es ist doch nicht anzunehmen, dass die Griechen hartnäckig *OI* geschrieben, aber *i* gesprochen haben. — Warum denn nicht? Schrieben sie doch *OI* und sprachen *u*; schrieben sie *AI*, sprachen aber oft nur *A*; schrieben sie *ΩI*, sprachen aber nur *Ω*.

Dann sagen die Erasmianer: es muss doch „einmal" eine Zeit gegeben haben, — etwa damals, als *οι* zu erst geschrieben wurde, — in der man beide Laute hörte. Es „muss" nicht gerade; aber zugegeben: *οι* wurde „einstmals" anders gesprochen als *i*, — wann war dieses „einstmals"?! Wollt ihr sprechen, wie man zur Zeit der Einführung der griechischen Schrift gesprochen haben mag, also unter Kadmus, — ich habe nichts dawider, zumal wenn ihr uns sagt, wie man damals gesprochen. Dann verlange ich aber, dass ihr auch *ου* wie *oy*, d. h. wie *eu*, nicht wie *u*, sprecht, denn „es muss doch einmal eine Zeit gegeben haben, in der man beide Laute von *ου* hörte."

Nein, *οι* ist nicht erst im 5. Jahrhundert erfunden worden; es war eine historisch überkommene Buchstabengruppe, wie das *αι*, das *αυ*, das *ευ*; es war ein Teil der historischen Orthographie des 5. Jahrhunderts. Es mag früher anders gesprochen worden sein; ja ich glaube sogar, es ist zur Zeit des Hesiod bei den Ioniern ein feiner Unterschied zwischen *οι* und *ι* gewesen, wie sein Vers andeutet (Werke und Tage, Vers 241):

Τοῖσιν δ'οὐρανόθεν μέγ' ἐπήγαγε πῆμα Κρονίων
Λιμὸν ὁμοῦ καὶ λοιμόν· ἀποφθινύθουσι δὲ λαοί.

Worin dieser Unterschied bestanden, das wird jedem Menschenohr ewig verborgen bleiben. Aber zu denken: das *o* zur Zeit des Hesiod oder des Perikles sieht aus wie unser *o*,

das ι wie unser *i*, folglich hat *OI* geklungen wie unser *oi*,
— das ist die Philologie kleiner Kinder, nicht erwachsener
Männer.

Ein zweites Beweismittel der Erasmianer ist die berühmte
Krasis. Weil aus τὸ ἱμάτιον für das Auge wird θοιμάτιον,
darum soll auch das Ohr *thoimation* gehört haben. Man sieht:
im Grunde ist das derselbe schöne Beweis wie der erste: ο = ο,
ι = *i*, folglich οι = *oi*. Die Erasmianer können garnicht von
der Anschauung frei werden: griechische Buchstaben gleich
deutschen Buchstaben, folglich griechische Laute gleich deutschen
Lauten. Was ist θοιμάτιον anderes als die schriftliche
Krasis? Was sagt uns das Wortbild θοιμάτιον über seine
Aussprache? Selbst wenn οι sonst immer wie *oi* gesprochen
worden wäre, so würde ich Bedenken tragen, diese Aussprache
ohne weiteres auch auf den Ausnahmefall einer Krasis zu übertragen. Da wir aber nicht einmal im Klaren sind über das οι
in gewöhnlichen Wörtern, so sollen wir in einem Falle wie
θοιμάτιον das *thema probandum* plötzlich für bewiesen ansehen
und *thoimation* sprechen?!

Wie merkwürdig es bei einer Krasis zugehen kann, lehrt der
Fall, in dem aus angeblichem *ego oimai* nicht, wie man erwartet,
egoimai wird, sondern *egomai*; — lehrt ferner der Fall des
neugriechischen *kjego* aus *kä ego*; — lehrt endlich ein *sustin*
aus angeblichem *soi estin*! Man hat sich eben die Krasen zu
denken als feststehende uralte Gewohnheitswörter, die sich an die
Zusammenziehungsregeln des zeitgenössischen Griechisch nicht
kehrten; die vielleicht als fossile Reste aus einer weit älteren
Sprachperiode mit herübergenommen waren, — vielleicht sogar
als Entlehnungen aus dem Vulgärgriechischen, welches ja noch
heute eine Krasis νὰ σοὔπω kennt, aus νά σου (statt σοι) εἴπω.

Auch macht mich gerade das θ in θοιμάτιον bedenklich.
Jedenfalls konnte der — wohl nur den Grammatikern damals
noch bekannte — Hauchlaut von ἱμάτιον eher bewahrt bleiben,
resp. seine Wirkung auf das τ üben, wenn das ο in der Aussprache wegfiel, als wenn es erhalten blieb. Es konnte aus *to
himation* leichter *thimation* werden, als *thoimation*.

Wer in Griechenland eine besondere Vorliebe für den
breitmäuligen *oi*-Laut hatte, das lehrt uns Aristophanes an

mehr als einer Stelle. Es waren die Ionier und — die
Schweine! Die Schweine in den „Acharnern" (Verse 780 und
800 ff.) quiken *κοι κοι*, und aus dem Versmaß geht hervor, dass
dieser Schweinelaut *ko-i, ko-i* zu sprechen ist. — Diese breitmäulige Aussprache des *οι* war dem attisch feinohrigen Aristophanes besonders verhasst (vgl. S. 108).

Wie sehr der musikalische Geist der Sprache, zumal einer
darin so peinlichen, wie das Griechische, sich dagegen sträubt,
οι als Kürze zu betrachten, was doch die Erasmische Aussprache verlangt, das habe ich schon beim *αι* hervorgehoben.
Wie auch immer die alten Griechen das *οι* gesprochen haben
mögen, — das *οι* der Deklination hat sicher nicht *oi* geklungen;
sie haben nicht gesprochen *ánemoi*. Die Erasmianer verlangen
sogar, dass *oi* bald lang, bald kurz gewesen sei; in der Deklination kurz, in der Konjugation lang.

Selbst in einem Wort wie *οἷος* muss das „*oi*" die Behandlung
als Kürze zugelassen haben, wie die beiden Verse der Ilias be-
kunden:

$$Οἶδ' ἀρετὴν οἷός ἐσσι · τί σε χρὴ ταῦτα λέγεσθαι;$$
$$(XIII, 275) —$$
$$Τοῖος ἐών, οἷος οὔτις Ἀχαιῶν χαλκοχιτώνων$$
$$(XVIII, 105). —$$

Es wird für Weise wie für Toren ewig ein Rätsel bleiben,
wie ein Wort gleich *hoios* als aus zwei Kürzen bestehend von
Homer behandelt werden konnte! Liest man *ios*, so begreift
man, dass *οι* doppelwertig behandelt werden konnte so dicht
neben einander wie in *οἶδ'* und *οἷος* im ersten Vers, in *τοῖος*
und *οἷος* im zweiten.

Inwieweit man aus dem ähnlichen Klang der beiden
gleichbedeutenden Formen *ἴσασι* und *οἴδασι* (zumal mit der neugriechischen Aussprache des *δ*) Schlüsse ziehen will auf den
Gleichklang von *ι* und *οι*, überlasse ich Jedem.

Auch das, ob er in dem Verse der Odyssee (XII, 104):

$$Τῷ δ' ὑπὸ δῖα Χάρυβδις ἀναρροιβδεῖ μέλαν ὕδωρ$$

nicht einen vom Dichter beabsichtigten Gleichklang hören will.

Die nachhomerischen Griechen haben ihn gehört, denn Eusthatios, der auf ihn aufmerksam macht, stützt sich auf Überlieferung. Dass dann οι nicht wie οἱ gesprochen werden darf, ist klar.

Sollten ferner die beiden Formen des Wortes für „Leim": γλία und γλοῖα wirklich mehr sein als Varianten der Schrift? Sollten sie so verschieden gesprochen worden sein wie glia und gloia? — Dasselbe gebe ich für Wörter wie μνεία und μνῆμα nach anderer Richtung zu bedenken.

Einen Beweis aber gibt es dafür, dass οι im 5. Jahrhundert v. Chr. nicht wie οἱ gesprochen wurde; einen ganz unzweideutigen, an dem die Erasmianer sich entweder mit einem großen Wortschwall, oder scheu und stumm vorbeidrücken. Ich meine die berühmte Stelle bei Thukydides (II 54), die der Leser selbst aufschlagen wolle. Der Sachverhalt ist danach dieser. Beim Ausbruch der Pest in Athen während des peloponnesischen Krieges (430 v. Chr.) erinnerte man sich einer alten Weissagung (ἔπος, vielleicht Orakelspruch):

῾Ἥξει δωριακὸς πόλεμος καὶ λ**μὸς ἅμ’ αὐτῷ.
Kommen wird ein dorischer Krieg und ** zusamt ihm.

Über die Bedeutung des von mir durch λ**μὸς wiedergegebenen Wortes war früher in Athen Streit gewesen; die Einen sagten: λιμός Hunger sei gemeint; die Anderen: λοιμός Pest. Angesichts der Pest siegte die Meinung: λοιμός. Thukydides setzt aber hinzu: Sollte später wieder einmal ein dorischer Krieg ausbrechen, und dann eine Hungersnot entstehen, so würde man sagen: λιμός sei gemeint gewesen.

Die Beweiskraft dieser Stelle ist eine so außerordentliche, dass man laut auflacht, wenn man Herrn Blass — ihn allein unter allen Erasmianern — sich daran vorbeischleichen sieht mit den läppischen Worten: „Den Beweis aus dem bei Thukydides überlieferten Orakel, der einer der stärksten sein soll, mag sich ein Jeder selbst widerlegen".

Er ist nicht zu widerlegen. Die Stelle des Thukydides ist eine der seltenen, aus denen etwas Klares über die Aussprache des 5. Jahrhunderts gefolgert werden kann. Tief zu bedauern ist, dass uns nicht mehre solche Stellen zur Verfügung stehen.

Es folgt nämlich daraus eines mit **absoluter Gewiss-heit**: $oι$ in $λοιμός$ wurde nicht wie oi gesprochen. Es folgt daraus **vielleicht sogar**: $oι$ wurde wie i gesprochen. Aber selbst wenn ich, übervorsichtig, diesen Schluss nicht ziehen will, so darf ich doch sagen: der Unterschied zwischen der Aussprache des $ι$ in $λιμός$ und des $oι$ in $λοιμός$ muss im 5. Jahrhundert so gering gewesen sein, dass eine Verwechselung von $λιμός$ und $λοιμός$ für das Ohr möglich wurde und solchermaßen zum Streit führen konnte über die Bedeutung eines Wortes, welches *limos* oder ganz ähnlich klang. Dass ein Unterschied wie der zwischen *loimos* und *limos* nicht zu einem Streit führen konnte, ist einleuchtend. Ich kann mir wohl denken, dass man sich darüber streitet: ob es in einem Verse heißen muss: *viere* oder *führe?* — aber nicht darüber, ob: *viere* oder *feure?*

Der Streit der Athener im Jahre 430 v. Chr. hat sich etwa in folgenden Gesprächen bewegt:

„Siehst du, wie jetzt das alte Orakel eintrifft: ‚Kommen wird ein dorischer Krieg und ein *limos* zusamt ihm'?"

„Durchaus nicht; jenes *limos* bedeutet nicht diese entsetzliche Krankheit, sondern die Teuerung. Ich habe es immer mit *I* geschrieben gesehen."

„Und ich mit *OI*. Aber ob nun *I* oder *OI*, es lautet *limos* und kann freilich bedeuten die Krankheit oder die Teuerung. Dass es aber jetzt die Krankheit bedeutet, das wirst du vielleicht selbst bald fühlen, gleichviel ob du *OI* oder *I* schreibst." —

Jedes Wort bei Thukydides, die ganze Fassung spricht für meine Erklärung. Er sagt, die Überlieferung habe gelautet — und nun schreibt er sie nieder — : $λοιμός$. Angenommen, Thukydides habe dieses Wort *loimos* ausgesprochen, — wie hätte er schreiben können: Es entstand nun ein Streit unter den Leuten, mit dem Laut *l**mos* sei nicht der $λοιμός$, sondern der $λιμός$ gemeint worden; doch siegte unter den obwaltenden Umständen die Ansicht: es sei $λοιμός$ gemeint (oder gesagt, gesungen) worden. — Wie hätte er vollends schreiben können: Auch in Zukunft würde man, bei veränderter Sachlage, sagen und singen, es sei mit dem *l**mos* nicht der $λοιμός$, sondern der λιμός gemeint worden —? Also trotz gemachter Erfahrung wäre wegen des Gleichklangs von λοιμός und λιμός immer wieder eine Verwechselung möglich!!

Man hat deshalb auf Erasmischer Seite versucht, den Streit über λοιμός und λιμός dadurch zu erklären, dass man dem οι den Laut des ü beilegte. Eine Verwechselung zwischen lümos und limos ist allerdings sehr begreiflich. οι = ü ließe sich hören, denn der Übergang aus ü in i im Laufe der Jahrhunderte hat nichts Wunderbares; mir genügt nur, die Unrichtigkeit von „οι immer = οi" zu erweisen. Ein Übergang aus ursprünglichem οi in i wäre nur für Sprachen denkbar, die auch sonst ihren Wort- und Lautbestand von Grund aus geändert haben; nicht aber für eine so fabelhaft zähe Sprache wie die griechische.

Der ursprüngliche Laut (d. h. der vor dem 4. Jahrhundert) des οι = ü findet vielleicht eine Unterstützung in seiner dialektischen Vertretung durch υ oder umgekehrt. Hesiod gebraucht χροισος statt χρυσος. Andrerseits findet sich in Dialekten allerdings ὄνοιρος statt ὄνειρος, οἶκος statt εἶκος.

Die Verwechselung des οι mit υ kommt auch in den Papyrus-Handschriften vor; Fälle wie ἀνύγω für ἀνοίγω sind dort nichts Seltenes.

Aus den ersten christlichen Jahrhunderten haben wir einen Überfluss an bestimmten Angaben über die Aussprache des οι = i.

Endlich noch ein indirektes, aber sehr wirksames Zeugnis des schon erwähnten Sextus Empirikus. Er sagt nämlich, als Eingang zu der auf S. 109 zitierten Stelle, wo er den diphthongischen Laut von αι, ει, ου leugnet und ihnen einen reinvokalischen Klang beimisst —: „οἷον τὸ αι καὶ τὸ ου καὶ πᾶν ὃ τῆς ὁμοίας ἐστὶ φύσεως." Dass unter diesen letzteren vermeintlichen Diphthongen in erster Linie οι gemeint ist, erscheint mir so gut wie sicher. — Der Hinweis darauf, dass οι im Lateinischen meist oe wird, beweist jedenfalls nichts für οι = οi. Wie mag wohl das oe der Römer gelautet haben? Varro nennt einen der Altlateiner, Ennius, als Gewährsmann dafür, dass oe eigentlich i geschrieben werden müsste: *Per hos etiam nunc fit foedus, quod fidus Ennius scribit dictum.*

Endresultat für *ov*: n i c h t s spricht für *oi*; einiges für *ü*; die historische Überlieferung für *i*.

$$\underline{\alpha v} \text{ und } \underline{\varepsilon v}.$$

Die Holländer und Deutschen sprechen sie: *au* und *eu*, resp. *oi*; die Griechen: *aw* und *ew* (vor harten Konsonanten *af* und *ef*). Die Griechen sprechen die Menschenmutter *Eva*: *Eva*, die Erasmianer sagen *Oia*; die Griechen sagen *Evangelion*, die Erasmianer *Oiangelion*; die Griechen lassen den Bacchusruf $\varepsilon\dddot{v}oi$ *ewi* erklingen, die Erasmianer rufen *Oioi*. Auf Griechisch klingt $\alpha\dddot{v}\alpha\acute{\imath}\nu\varepsilon\iota\nu$: *awenin*, auf Holländisch-deutsch-erasmisch: *auainain*.*) Auf Griechisch klingen $\varepsilon\dot{v}\varepsilon\iota\delta\acute{\eta}\varsigma$, $\varepsilon\dddot{v}\varepsilon\iota\lambda o\varsigma$, $\varepsilon\dddot{v}\varepsilon\iota\varrho o\iota$, $\varepsilon\dot{v}\acute{\alpha}\varepsilon\iota\alpha$, $\sigma\varepsilon\dddot{v}\varepsilon\iota$, $\varkappa\varepsilon\lambda\varepsilon\dddot{v}\varepsilon\iota$, $\varepsilon\dot{v}\alpha\varepsilon\dddot{\iota}\varsigma$, $\varepsilon\dddot{v}\alpha\iota\omega\nu$, $\varepsilon\dot{v}\alpha\dddot{\iota}\sigma\vartheta\eta\tau o\varsigma$, $\varepsilon\dot{v}o\iota\nu\acute{\iota}\alpha$, $\varepsilon\dot{v}\dddot{v}\alpha\lambda o\iota$, $\varepsilon\dddot{\iota}\dddot{v}o\iota$: *ewidis, ewilos, ewiri, ewaja, sewi, kelewi, ewaïs, eweon, ewesthitos, ewinia, ewiali, ewji*. Auf Holländisch-deutsch-erasmisch klingen sie: *oiaïdes, oiaïlos, oiaïroi, oiáaïa* (viersilbig, oder wenn man will: *euáeia*, was genau dasselbe ist), *soiaï, keloiai, oiaaïs, oiaion, oiaïstetos, oioïnia, oiñaloi, oiioi*.

So viel vom „Wohllaut" der schönen, vollen Diphthonge *au*, *oi*, *ai!*

Die lebendige Überlieferung ist für *aw* und *ew*. — Was haben die Erasmianer für ihr *au* und *eu* · p o s i t i v beizubringen? Natürlich n i c h t s; wie immer. Sie bekämpfen nur *aw* und *ew*, als ob damit ihr *au* und *eu* bewiesen sei. Als ob etwa kurz vor Erasmus notorisch *au* und *eu* gesprochen wurde, dann die boshaften Neugriechen *aw* und *ew* dafür erfanden, und endlich der rächende Erasmus *au* und *eu* wieder in ihre unverjährten Rechte eingesetzt hat!

Nicht einmal ihr beliebtes Einmaleins vom $\alpha = a$, $\iota = i$, $\alpha\iota = ai$ können die Erasmianer hier anwenden, so wenig wie beim *ov*; denn $\alpha = a$, $v = ü$ und $\varepsilon = e$, $v = ü$ ergibt wohl *aü* und *eü*, nimmermehr aber *au* und *eu*.

---

*) Sehr ähnlich vielen f i n n i s c h e n Wörtern.

Hören wir den großen Philologen Blass darüber. Er beruft sich auf einen noch größeren, dem er zustimmt, und schreibt: „Wie auch Curtius annimmt (!), muss (!) in diesen Diphthongen das *v* seinen ursprünglichen (!) *u*-Laut (??) mehr oder weniger (!) ungetrübt erhalten haben, indem sich nur so die Entwickelung dieser Laute im Mittel- und Neugriechischen begreifen lässt."

Also die Aussprache *aw* und *ew*, resp. *af* und *ef*, lässt sich nur dann begreifen, wenn man „ursprünglich" (um Kadmus herum) *au* und *eu* sprach. — Für wie dumm halten diese Philologen eigentlich ihre Leser, wenn sie ihnen solchen Gallimathias zumuten!

Ob *v* in *αυ* und *ευ* „ursprünglich" *u* oder was sonst gewesen, ist uns sehr gleichgiltig, — so gleichgiltig wie für *v* in *ου*. Aber wenn es „ursprünglich" *u* gewesen ist, so begreife ich vollkommen, warum jene „ursprünglichen" Griechen schleunig aus dem Eiapopeia von *auainai* ein *aweni*, aus *oiaaia* ein *ewaïa* oder *ewaja* gemacht haben: nämlich um nicht mit Papuas (Neuholländern) oder Hottentotten verwechselt zu werden, wenn mir diese allerdings unklassische „Konjektur" gestattet ist.

Was Herr Blass sonst anführt, lohnt das Zitiren nicht. Ich erinnere aber wieder daran, dass er, dem *oiaaia* wahrscheinlich nichts ausmacht, *efkolos* für einen „abscheulichen und barbarischen Mislaut" erklärt. — Ein wenig besser hören sich die Einwendungen von Georg Curtius an. Er bekämpft eine Form wie πεπαίδευνται in neugriechischer Aussprache, weil sie nach seiner Meinung *pepädewntä* klinge. Hätte er mehr vom Neugriechischen gewusst, so hätte er diesen Einspruch nicht erhoben. Die Neugriechen sprechen nämlich *pepädewndä*, und zwar mit einem Laut des *w*, der kaum hörbar ist, bei dem die Oberzähne kaum die Unterlippe berühren. Wer Gelegenheit dazu hat, lasse sich das Wort von einem Griechen vorsprechen: er wird nicht das Geringste von einer unliebsamen Konsonantenhäufung, nichts von einem Miston hören. Es wäre wirklich zu wünschen, dass über neugriechische Aussprache zu schreiben fortan Keinem erlaubt würde, der sie nicht gehört hat, wie man ja den Farbenblinden kein maßgebendes Urteil über Farben zugesteht.

Ein anderer Einwand von Curtius hört sich nach etwas an; es

ist aber auch damit nichts, garnichts. Er fragt nämlich*): „Wer
εὐ wie εω ausspricht, kann einen Vers wie φέρον δ᾽ εὐήνορα
χαλκόν (Odyssee XIII, 19) nicht begreifen," — nämlich die
Länge der ersten Silbe von εὐήνορα.

Schade, dass Georg Curtius mich nicht mehr hören kann;
aber ich möchte seine Anhänger bitten, mir zu sagen, warum
denn in den beiden Versen der Odyssee (X, 36 und 60):

— δῶρα παρ᾽ Αἰόλου μεγαλήτορος Ἱπποτάδαο —
— βῆν εἰς Αἰόλου κλυτὰ δώματα· τὸν δ᾽ ἐκίχανον —

das o von Αἰόλου lang ist?! Es scheint, als habe Homer seine
guten Gründe gehabt, warum er in gewissen Fällen kurze Vokale,
auch in der Senkung, lang gebrauchte.

Mit noch größerem Recht aber muss man fragen: wie kommt
das αυ bei einer Aussprache wie αυ dazu, kurz zu sein in dem
Vers (Ilias XXIV, 595):

σοὶ δ᾽ αὖ ἐγὼ καὶ τῶνδ᾽ ἀποδάσσομαι ὅσσ᾽ ἐπέοικεν?

Oder das ευ als eu kurz in den Versen:

ῥίσκευ, ἔχες δ᾽ ἀλόχους κεδνὰς καὶ νήπια τέκνα?
(Ilias XXIV, 730),
φράζευ ὅπως μνηστῆρσιν ἀναιδέσι χεῖρας ἐφήσεις.
(Odyssee XIII, 376).

In dem letzten Vers ist ευ sogar vor dem Spiritus asper
kurz, der ja nach der Ansicht der Erasmianer gesprochen wurde,
zumal zu Homers Zeiten!

Diese und viele andere metrische Rätsel im Homer sind bei
der neugriechischen Aussprache natürlich garnicht vorhanden.

Dass die Erasmianer beim besten Willen nicht unterscheiden
können zwischen ευ und ηυ, das nur beiläufig. Beide, und dazu
οι, klingen gleich.

Die Inschriften liefern manche Beweise für die konsonantische
Aussprache von αυ und ευ. Verwechselungen einerseits mit dem

---

*) Blass immer munter mit: „Hieß es *Evadne*, wodurch ist dann
die erste Silbe lang? *Natura?* Aber man schreibt ja ε. *Positione?*
Aber es ist doch nur der eine Konsonant."

Digamma F, andrerseits mit B, oder Häufung mit beiden, kommen schon sehr früh vor. *EYBANJPOΣ* für *Εὔανδρος* und *EYJOMOΣ* für *ἕβδομος* zitirt Rangabé in seiner angezogenen Schrift (S. 41). Auf einer Inschrift aus Elis aus dem 4. Jahrhundert v. Chr. steht *EYFAOIOIΣ* statt *Εἰαοίοις*.

Nur die flüchtige Aussprache des w in $εv$ erklärt seinen gänzlichen Wegfall auf Inschriften, die z. B. *ENOIAΣ* statt *εὐνοίας* aufweisen. Auch solche Formen wie *ἁτός* statt *αἰτός* sind eher erklärlich aus *aftos* oder *awtos* als aus *autos*.

Je näher der christlichen Zeit, desto häufiger die Beispiele der Verwechselung zwischen *αv*, *εv* mit *αβ* und *εβ*; die straffe Fessel der orthographischen Sklaverei lockert sich, und natürlich desto mehr, je weiter von Athen entfernt. Auf Papyrusschriften v. Chr. findet sich *ῥανδος* statt *ῥαβδος*. In einer Inschrift aus Korfu (3. Jahrhundert v. Chr.) steht *εὐδομήκοντα*.

In der Bibelübersetzung der Septuaginta wird hebräisches w abwechselnd v und $β$, nie etwas anderes. *Awim* wird *Ἀουμ*, *Chislew Χασλεν*, *Dawid Jαviδ* oder *Jαβιδ*, *Niniwe Νινευη*, *Awadija Ἀυδιας*.

Bei der Übersetzung lateinischer Wörter trat zu dem v und $β$ noch ov hinzu. Es scheint, als ob die Griechen entweder das lateinische V wie ein äußerst weiches w, etwa gleich dem englischen w in *water*, hörten; oder dass sie sich durch die Doppelbedeutung des V als Zeichen für w wie für u verwirren ließen. So finden wir neben einander die Formen *Ἀvεντῖνος*, *Ἀουεντῖνος*, *Ἀβεντῖνος* für *Aventinus*. *Severus* wird durch *Σευῆρος* übersetzt.

Im Gothischen des Ulfilas endlich steht für griechisches v in $αv$ und $εv$ ein w, also z. B. *Daweid* für *Jαviδ*, *Laiwwi* für *Λευι*, *aiwaggeljon* für *εὐαγγέλιον*, *paraskaiwe* für *παρασκευη*.

Endresultat für *αv* und *εv*: für *au* und *eu* nirgends die Spur eines Beweises; für *aw* und *ew* außer der historischen Überlieferung zahlreiche Beweise für Augen und Ohren.

Zwei Einwände gegen die konsonantische Aussprache von v in *αv* und *εv* will ich kurz widerlegen; sie wurden mir während des Druckes von zwei angesehenen, mir sehr werten Philologen gemacht. Einer ist ein berühmter Professor des Griechischen; dem andern Gelehrten habe ich meine Jugendbildung zu danken.

Der Professor des Griechischen ließ gegen mich drucken: „Wenn die Griechen von Anfang an (!) ἄρτος geschrieben hätten, so würde ich zugeben, dass die heutige Aussprache *aftos* alt und ursprünglich sei. Da die alten Griechen aber bis zu einer gewissen Zeit immer αὐτός schrieben, die neuen Griechen ebenfalls noch αὐτός schreiben, aber *aftos* sprechen, so sehe ich darin einen Beweis, wie er deutlicher nicht sein kann, dass es einmal (!) eine Zeit gab, wo αυ einen andern Wert hatte, als *af* (oder *av*).“

Da es sich um einen ernsthaften Gelehrten handelt, so habe ich mein Denkvermögen aufs äußerste angestrengt, um einen „deutlichen Beweis" darin zu sehen. Es ist mir nicht gelungen. Zunächst selbst bei diesem Gegner das verstimmende und verblüffende nebelhafte „von Anfang an"! Wie αὐτος im Anfang geschrieben oder gesprochen wurde, also zwischen Kadmus und Agamemnon, das wollen wir doch endlich auf sich beruhen lassen. Gewiss: αὐτος kann „einmal" anders als *aftos* (aber wie?!) gesprochen worden sein; muss aber gerade das 5. oder 4. Jahrhundert jenes „Einmal", jener „Anfang" gewesen sein?! So gut wie die zweifelhafte Aussprache des αυ im 5. Jahrhundert sich allmählich zu dem unzweifelhaften *af* oder *aw* „umgewandelt" hat, kann sich ja wohl auch die noch zweifelhaftere Aussprache des αυ seit der Zeit des „Einmal" und des „Anfangs" bis zum 5. Jahrhundert in *af* oder *aw* umgewandelt haben. Ich glaube sogar: von „Einmal" bis zum 5. Jahrhundert ist eine längere Spanne, eine geeignetere zur Umwandlung der Aussprache — schon wegen ihrer selteneren schriftlichen Festhaltung —, als vom 5. Jahrhundert v. Chr. bis in das Jahrhundert v. oder n. Chr., für welches selbst die Erasmianer die Aussprache des αυ wie *af* oder *aw* zugeben.

Die Sache wird durch ein Beispiel aus dem Englischen noch klarer werden. Es solle sich handeln um die Feststellung der unbekannten Aussprache von *laughter* (wie deutsches *lafter*), und der Forscher lebe im 39. Jahrhundert. Machte der es so, wie der berühmte Professor des Griechischen, so würde er verlangen, um an *laughter* = *lafter* im 19. Jahrhundert zu glauben —:

„*laughter* müsse damals *lafter* geschrieben worden sein." Man sieht, es läuft immer wieder auf die gemütliche Voraussetzung hinaus: die griechische Schrift muss „im Anfang" (verwechselt mit dem 5. Jahrhundert) phonetisch gewesen sein. Ich begreife danach nur nicht, wie diese Herren für das Griechische des 5. Jahrhunderts solche Laute wie *u* oder lang *e* oder lang *o* annehmen; wie sie sprechen *TOTO* = τού'του, oder, je nachdem, = τού'τῳ oder τοὺ'το, während doch die Schrift von diesen Lauten nichts verrät!

Zum Überfluss zeigt solche Schreibweise wie *AFΊTOΣ* statt *AΊTOΣ* (auf einer Inschrift aus Naxos), dass bei einigen Steinmetzen das Gefühl, *Ί* sei an dieser Stelle ein *f*-Laut, sich zu regen begann. Sie wagten jedoch nicht, das überkommene *AΊTOΣ* ganz zu ändern oder gar das *Ί* durch *Φ* zu ersetzen — was damals vielleicht anders als *f* klang —; sie begnügten sich damit, dem *Ί* noch ein *F* hinzuzusetzen, um die Aussprache graphisch deutlicher zu machen. — Englische Philologen mögen mir sagen, ob das *u* in *laughter* nicht gar auch zur Bezeichnung eines Lippenlautes (*u* statt *v*!) dem ursprünglichen *gh* erst später vorgesetzt worden.

Warum aber die Griechen das αυ selbst dann nicht in αφ umwandelten, als sie nach der Meinung der Erasmianer unzweifelhaft α*f* sprachen? Genau aus demselben Grunde, aus dem sie sich „einmal" mit dem αυ beholfen haben, obgleich sie es anders sprachen als α mit nachfolgendem *v*. Aus demselben Grunde, aus dem sie das αι ruhig stehen ließen, selbst als sie es wie *ä* zu sprechen begannen. Aus demselben Grunde, aus dem sie ου nicht wie *oy*, sondern wie *u* sprachen.

Der zweite Einwand lautete: warum accentuirte man εῦ, oder überhaupt das *v* in εν, anstatt des ε, wenn das *v* doch konsonantisch lautete? Ein Konsonant könne doch keinen Accent erhalten.

Man verlangt also von den alten Griechen, wenn auch nicht von den uralten, dass sie die feine lautphysiologische Überlegung hätten üben sollen: zwar in αι, ει, οι, namentlich aber in ου, überhaupt in allen „Diphthongen", den zweiten Vokal mit dem etwa nötigen Accent zu versehen, dagegen vor εν (und αυ sowie $\eta\upsilon$) Halt zu machen und sich zu sagen: um Gottes Willen diesem υ keinen Accent! — das ist ja ein Konsonant!

Die Accentzeichen stehen über Lautzeichen, gleichviel wie diese Zeichen gesprochen werden Die Macht der Analogie zwang, das $\varepsilon\upsilon$ und $\alpha\upsilon$ genau so zu behandeln wie die sämtlichen anderen Doppelzeichen, genannt „Diphthongen".

Merkwürdig, dass noch Keiner daran gedacht hat, sich über die Accentuirung $\varepsilon\bar{\upsilon}$ im neuesten Neugriechisch zu wundern, in welchem das accentuirte υ von $\varepsilon\upsilon$ doch zweifellos ein Konsonant ist! Die Neugriechen halten das für das Harmloseste von der Welt. Ich habe griechische Gymnasiasten wie Volksschüler danach befragt: wie könnt ihr nur das υ von $\varepsilon\upsilon$ accentuiren, da υ doch hier ein Konsonant ist? — Sie sahen mich mit ihren großen, glänzenden Frageaugen an und erwiderten: „Ein Konsonant? Weißt du denn nicht, dass υ ein $\sigma\tau o\iota\chi\varepsilon\tilde{\iota}o\nu$ ist?!"

X.

Die Vokale.

Die Aussprache des v scheint im klassischen Altertum nicht ganz gleich i gewesen zu sein. Ob wie $\ddot{u}$? Positive Beweise dafür gibt es nicht; die lebendige Aussprache der Neugriechen ist: $v = i$. Im Lateinischen wurde v häufig zu u, *guberno* aus $\varkappa v \beta \epsilon \varrho v \tilde{\omega}$, *cuprum* aus $\varkappa \acute{v} \pi \varrho \iota o v$, — sodass v ein Mittellaut zwischen $\ddot{u}$, u, i gewesen sein mag. Dass unter solchen Umständen die Erasmianer sich nicht einbilden dürfen, durch blindes Er raten das einzig Richtige mit dem deutschen $\ddot{u}$ zu treffen, wird jeder Nichterasmianer begreifen.

Der Umstand, dass n o c h h e u t e gerade in Bezug auf das v sich eine dialektische Abweichung findet, obendrein in A t t i k a, nämlich die von $v = iu$, sowie manche Hinweisungen aus dem Altertum machen die Aussprache nach $\ddot{u}$ zu, oder sonstwie abweichend von i, nicht ganz unwahrscheinlich. Dass aus $\ddot{u}$ durch nachlässiges Sprechen leicht i wird, wissen wir Deutschen wohl am besten. Lernte man in unseren Gymnasien $v = \ddot{u}$ und sonst nichts von der Erasmischen Aussprache, so bliebe die deutsche Aussprache den Griechen immerhin noch gut verständlich; wenn wir auch nicht ganz so sprächen, wie die gebildeten Athener, wir sprächen doch wie die heutigen Bauern der attischen Ebene.

Das Umschlagen des v in i scheint übrigens doch schon im Altertum vielfach stattgefunden zu haben, allerdings auch ein

Übergang des echten *i* in ein *v*, vielleicht aus Ziererei, — ich erinnere an *Hülfe* für *Hilfe*, *gültig* für *giltig*. So wurde ursprüngliches, richtiges ἀμφικτίονες zu ἀμφικτύονες; — ob bloß schriftlich, nicht aussprachlich? kann heute Keiner entscheiden.

Andrerseits zeigen solche Erscheinungen wie ἡδύς, ἡδεῖα, ἡδύ: ταχύς, ταχεῖα, ταχύ, dass *v* und *i* (ει) nicht sehr weit auseinander gelegen haben können.

Über vι ist weiter nichts zu bemerken, als dass es im Neugriechischen gleichfalls einfach zu *i* geworden. Dass es schon im Altertum nicht wie *üi* geklungen, geht aus der fast regelmäßigen **Einsilbigkeit** und **Kürze** von vι bei Homer hervor, z. B. in dem Vers (Ilias VII, 47):

Ἕκτορ υἱὲ Πριάμοιο Διὶ μῆτιν ἀτάλαντε.

Das ω wird heute nicht merklich vom *o* unterschieden. Die Neugriechen selber geben zu, dass sie hierin von ihren Vorfahren abweichen. Die deutsche Schule wird gut tun, den Unterschied nach wie vor festzuhalten, zumal da das Verständnis des gesprochenen Griechischen darunter kaum leidet.

Verkehrt aber wäre es anzunehmen, dass die Neugriechen überhaupt nicht zwischen langen und kurzen Vokalen unterscheiden; sie tun es, nur nicht immer genau an denselben Stellen, wo es vermutlich die Alten getan. Es findet ein deutlich wahrnehmbarer Unterschied der Aussprache des *α* statt in Wörtern wie κάμωμεν, κάμνομεν; des *i* in τῆς und πιστεύω.

Der Hauptstreit zwischen der holländisch-deutschen und der griechischen Aussprache hat bisher getobt um das

<u>η.</u>

Danach, ob es, wie von den Neugriechen, *i* zu sprechen, oder, wie von den Holländern und Deutschen, *e*, hat man ja die beiden Lager benannt: hie Itazisten, hie Etazisten.

Man hätte klüger getan, sich nicht so sehr um das η, als um die Diphthonge $\alpha\iota$, $o\iota$, $\varepsilon\iota$, $\alpha\upsilon$, $\varepsilon\upsilon$ zu streiten; denn nicht das e macht die Aussprache der Erasmianer so scheußlich und für jedes nichtholländische oder nichtdeutsche Ohr völlig unverständlich, sondern die überhäufigen breitmäuligen Diphthongen ai, oi, ei, au, eu.

Alle bisherigen Untersuchungen ergeben mit überwältigender Wahrscheinlichkeit, dass η selbst im hohen Altertum (Homer) kein reines e gewesen; dass es, soweit wir es verfolgen können, ein Mittellaut war zwischen e und i, dessen genaue Aussprache für uns unerforschlich bleiben muss, die wir aber unserem Verständnis nahe bringen können durch die Aussprache unseres deutschen ganz geschlossenen e in einigen Gegenden, in denen es deutlich nach i hinüberklingt. Auch das ost- und westpreussische ei ist solch ein Mittellaut.

Die Neigung des η zum i-Laut hat allmählich dahin geführt, dass aus dem uns unbekannten Mittellaut des η ein bekanntes i wurde. Wer also nicht jenen Mittellaut, den er nicht kennt, hervorzubringen sich abquälen will, der muss η wie i sprechen; dann hat er wenigstens die lebendige Tradition für sich, die bis in sehr alte Zeiten zurückreicht. Wer reines e spricht, der hat zu beweisen, dass zu irgend einer Zeit Griechen η wie e gesprochen haben. Das zu beweisen ist unmöglich. Beweisen aber lässt sich das Vorhandensein des Mittellauts; beweisen sogar das Vorklingen des i vor dem e in jenem Mittellaut.

Etwas von der Doppelnatur des η ist sogar heute noch stellenweise bei den Griechen erhalten. Mir haben griechische Freunde solche Wörter wie $\varkappa\eta\varrho\iota$ (altgriechisch $\varkappa\eta\varrho\iota\upsilon$), $\mu\eta\varrho\iota$ ($\mu\eta\varrho\iota\upsilon$) so deutlich wie möglich vorgesprochen: ich habe nicht unterscheiden können, ob der erste Vokal dieser Wörter mehr wie i oder wie e klang, und die Griechen selber wussten in diesen Fällen nicht zu unterscheiden. Das deutsche kurze e in *Liebe* und unzähligen anderen Wörtern, das englische y in *certainly*, *heavenly* etc. sind Laute, wie das neugriechische η in gewissen Fällen.

Dass η, oder was man früher dafür schrieb, ursprünglich kein reines e gewesen, beweist Homer. Gewiss, er war ein Ionier; aber ich spreche von dem Homer, der von athenischen

Männern des 5. Jahrhunderts gelesen wurde. Wie erklärt man sich die Kürze des doch immer so emphatisch für die Länge des ε ausgegebenen η in den zahlreichen Versen, in denen es vor einem Vokal steht? In Versen wie:

$$\Pi\lambda\acute{\alpha}\gamma\chi\vartheta\eta,\ \grave{\epsilon}\pi\grave{\epsilon}\grave{\iota}\ T\varrho o\acute{\iota}\eta\varsigma\ \text{etc.},$$

wo einem zugemutet wird, nicht nur den Hiatus von *planchtee epai* zu dulden, sondern auch aus *ee* eine Kürze zu machen!

Oder in der Ilias (II, 307), wo η kurz ist trotz folgendem „*h*":

$$Ka\lambda\tilde{\eta}\ \acute{\upsilon}\pi\grave{o}\ \pi\lambda\alpha\tau\alpha\nu\acute{\iota}\sigma\tau\omega\ \acute{o}\vartheta\varepsilon\nu\ \acute{\varrho}\acute{\varepsilon}\varepsilon\nu\ \grave{\alpha}\gamma\lambda\alpha\grave{o}\nu\ \ddot{\iota}\delta\omega\varrho.$$

Die Sganarelle unter den Philologen helfen sich aus dieser Verlegenheit, indem sie einfach sagen: „Bei den Dichtern werden lange Vokale vor Vokalen kurz." — Ja, warum denn? — „Die Stummheit rührt her vom Verlust der Sprache."

Wie denken aber solche Sganarelle wohl über Verse wie:

$$\Pi\grave{\alpha}\varrho\ \varkappa\acute{o}\varrho\alpha\varkappa o\varsigma\ \pi\acute{\varepsilon}\tau\varrho\eta\ \grave{\epsilon}\pi\acute{\iota}\ \tau\varepsilon\ \varkappa\varrho\acute{\eta}\nu\eta\ '\!A\varrho\varepsilon\vartheta o\acute{\upsilon}\sigma\eta$$
(Odyssee, XIII, 408) —

oder:

$$\Pi\upsilon\nu\vartheta\alpha\nu\acute{o}\mu\eta\nu\ '\!I\vartheta\acute{\alpha}\varkappa\eta\varsigma\ \gamma\varepsilon\ \varkappa\alpha\grave{\iota}\ \grave{\epsilon}\nu\ K\varrho\acute{\iota}\tau\eta\ \varepsilon\grave{\upsilon}\varrho\varepsilon\acute{\iota}\eta$$
(Odyssee, XIII, 256)?

Wie denken sie gar über solche wie:

$$"E\sigma\chi o\nu,\ \grave{\epsilon}\pi\varepsilon\grave{\iota}\ |\ o\ddot{\iota}\ \sigma\varphi\iota\nu\ \grave{\epsilon}\varrho\varepsilon\xi\alpha\ \tau\varepsilon\lambda\acute{\eta}\varepsilon^\sigma\alpha\varsigma\ \grave{\epsilon}\varkappa\alpha\tau\acute{o}\mu\beta\alpha\varsigma$$
(Odyssee, IV, 352) —

$$\tilde{^{\prime}}H\ \varepsilon\grave{\iota}\pi\acute{\varepsilon}\mu\varepsilon\ |\ \nu\alpha\iota\ \delta\mu\omega\tilde{\eta}\sigma\iota\nu\ '\!O\delta\upsilon\sigma\tilde{\eta}o\varsigma\ \vartheta\varepsilon\acute{\iota}o\iota o\ (\text{Odyssee, IV, 682}) —$$

$$\tilde{^{\prime}}H\ o\grave{\upsilon}\varkappa\ \ddot{\alpha}\ddot{\iota}\ |\ \varepsilon\iota\varsigma\ o\tilde{\iota}o\nu\ \varkappa\lambda\acute{\varepsilon}o\varsigma\ \ddot{\varepsilon}\lambda\lambda\alpha\beta\varepsilon\ \text{etc. (Odyssee, I, 297)?}$$

Die letzten drei Verse lassen sich nur mit neugriechischer Aussprache lesen, d. h. mit Verwandlung des η oder ει in *i* oder *j*.

Diese und hunderte anderer metrischer Schwierigkeiten bei Homer bestehen nur für die Erasmianer. Sie erklären sich kinderleicht und lösen sich in lautere Harmonie auf, sobald wir die neugriechische Aussprache anwenden. Homer kann metrisch richtig überhaupt nur neugriechisch gelesen werden.

Übrigens sind es auch nicht bloß die metrischen Schwierigkeiten bei Homer, welche durch die neugriechische Aussprache mühelos beseitigt werden. Die Erasmianer stoßen auf solche

unlösbaren Rätsel bei allen Dichtern ohne Ausnahme. Ich erinnere
an die Einsilbigkeit solcher Verbindungen wie $\mu\grave{\eta}$ $o\grave{v}$ bei den
Tragikern (z. B. Antigone, Vers 97; Ödipus der Tyrann, Vers 13).
Ohne die Verwandlung des i von $\mu\grave{\eta}$ in j ist eine Erklärung des
Vorganges nicht möglich, d. h. eine Erklärung, die sich nicht mit
der scholastischen Redensart begnügt: das lange e wird „verkürzt"
und dann mit dem u zu einer Silbe „zusammengezogen". Das ist gut
für die Schuljungen, und die denkenden unter diesen geben sich
damit gewiss nicht zufrieden. — Die Umwandelung des i in j
vor Vokalen ist etwas ganz gewöhnliches in der neugriechischen
Volkspoesie, so z. B. in den Versen eines Charos-Liedes:

> $\Gamma\iota\grave{\alpha}$ $\H{\epsilon}\beta\gamma\alpha$ $\nu\grave{\alpha}$ $\pi\alpha\lambda\alpha\acute{\iota}\psi\omega\mu\epsilon$ '$\sigma\grave{\epsilon}$ $\mu\alpha\varrho\mu\alpha\varrho\acute{\epsilon}\nu\iota'$ $\mathring{\alpha}\lambda\tilde{\omega}\nu\iota$,
> $K\iota'$ $\mathring{\alpha}\nu$ $\mu\grave{\epsilon}$ $\nu\iota\varkappa\acute{\eta}\sigma\eta\varsigma$ $X\acute{\alpha}\varrho o$ $\mu o\upsilon$, $\nu\grave{\alpha}$ $\pi\acute{\alpha}\varrho\eta\varsigma$ $\tau\grave{\eta}\nu$ $\psi\upsilon\chi\acute{\eta}$ $\mu o\upsilon$,
> $K\iota'$ $\mathring{\alpha}\nu$ $\sigma\grave{\epsilon}$ $\nu\iota\varkappa\acute{\eta}\sigma\omega$, $X\acute{\alpha}\varrho o$ $\mu o\upsilon$, $\nu\grave{\alpha}$ $\pi\acute{\alpha}\varrho\omega$ $\tau\grave{\eta}\nu$ $\psi\upsilon\chi\acute{\eta}$ $\sigma o\upsilon$.*)

Für weniger beweiskräftig halte ich das Wortspiel bei Homer
(Ilias I, 406):

> $T\grave{o}\nu$ $\varkappa\alpha\grave{\iota}$ $\dot{v}\pi\acute{\epsilon}\delta\delta\epsilon\iota\sigma\alpha\nu$ $\mu\acute{\alpha}\varkappa\alpha\varrho\epsilon\varsigma$ $\vartheta\epsilon o\acute{\iota}$, $o\mathring{v}\delta\acute{\epsilon}$ τ' $\H{\epsilon}\delta\eta\sigma\alpha\nu$ —,

obgleich die Absicht eines Wortspiels noch dadurch deutlicher
wird, dass in den beiden vorangehenden Versen gleichfalls ge-
wortspielt wird mit $A\mathring{\iota}\gamma\alpha\acute{\iota}\omega\nu'$ und $\gamma\alpha\acute{\iota}\omega\nu$. Es ist wohl möglich,
dass zu Homers Zeiten $\epsilon\iota$ und η beide einen Mittellaut zwischen
e und i hatten.

Entstanden sind ja auch beide, EI wie H, im ionisch-
attischen Alfabet aus E; oder vielmehr sie sind in bestimmten
Fällen an dessen Stelle getreten. Auf den Inschriften vor 403
sieht $\mathring{\eta}\mu\acute{\epsilon}\varrho\alpha$ so aus: HEMEPA, $\H{E}\lambda\lambda\acute{\eta}\nu\omega\nu$: HELLENON. Man
fragt sich vergebens: wie kamen die Athener dazu, im Jahre
403 durch feierlichen Volksbeschluss ein neues Zeichen einzuführen für einen Laut, der — nach der Meinung der Erasmianer —

---

*) Mag auch als Probe dienen für das „verderbte, barbarische
Gemisch", welches das neugriechische Volk spricht. — $\H{\epsilon}\beta\gamma\alpha$ ist
Umstellung für $\H{\epsilon}\gamma\beta\alpha$ (komm heraus!) — Im übrigen: welche für
einen richtigen Philologen herzerfreuenden Konjunktive von ersten
und zweiten Aoristen!

sich vom *E* nicht mehr unterschied, als kurz *e* von lang
e?! Man begreift die Einführung von *OY* an Stelle des früheren
O für *u*; aber nicht die des *H* für *E*.

Man wende auch nicht das Vorhandensein des *Ω* neben dem
O ein! Um *H* als *η* einzuführen, musste ein uralter Gebrauch
des *H*, nämlich der zur Bezeichnung eines erloschenen Hauchlautes,
zugleich aufgehoben werden. Und diese Umwälzung in zwei
wichtigen Punkten — aus *HEMEPA* wurde *HMEPA*; aus
HEBE (ʽΗβη) wurde *HBH* — nur, um das lange *e* vom kurzen *e*
zu unterscheiden?!

Curtius hat ganz Recht mit seiner Frage: „Wer wird es
für glaublich halten, dass man das neue *H* eingeführt hätte,
wenn man sich statt dessen des längst vorhandenen *I* hätte be-
dienen können?" — Aber wenn *H* wie *e* gesprochen wurde, so
hätte kein Mensch daran gedacht, es an die Stelle des längst
vorhandenen *E* zu setzen und es zu dem Zweck einer anderen
Funktion zu entkleiden.

Inwieweit die Abschaffung des *H* als Spiritus asper im
Jahre 403 ein unwiderleglicher Beweis dafür ist, dass der Hauch
damals und schon lange vorher nicht gehört wurde, soll besonders untersucht werden (vgl. S. 146 ff.).

H hat im 5. Jahrhundert nicht ganz gleich dem *I* geklungen; es hat aber noch weniger gleich dem *E* geklungen,
sonst hätte man eben *E* weiter geschrieben, wie seit Jahrhunderten. Somit immer dasselbe Ergebnis: *η* war ein Mittellaut, ähnlicher dem *i* als dem *e*.

Der Wortbestand des Griechischen zeigt uns deutlich genug
das Schwanken zwischen *η* und *ι*. Ich übergehe das nicht ganz
zweifellose γίγας (γηγενής), obwohl der Dichter des „Frosch-
mäusekriegs" an diese Etymologie geglaubt zu haben scheint
(Vers 7):

$$\Gamma\eta\gamma\varepsilon\nu\acute{\varepsilon}\omega\nu\ \grave{\alpha}\nu\delta\varrho\tilde{\omega}\nu\ \mu\iota\mu\omicron\acute{\nu}\mu\varepsilon\nu\omicron\iota\ \acute{\varepsilon}\varrho\gamma\alpha\ \gamma\iota\gamma\acute{\alpha}\nu\tau\omega\nu.$$

Aber das Nebeneinander solcher Wörter im Attischen wie ἵκω
und ἵκω, ἥξις und ἵξις, λειτουργία und λητουργία, ἁμαξη-
τός und ἁμαξιτός, τίθεις und τίθης, λάγνος und λάγνος
und mancher anderer zeigt deutlich, wie sehr *η* nach *i* hinüber-
klang.

Dagegen kommen nach der Befestigung der Gewöhnung an
H Verwechselungen zwischen η und ε, oder η und $\alpha\iota$ (letzteres
nehme ich als *e*-Laut für zugestanden an) im Attischen gar-
nicht vor!

Die Inschriften zeigen uns, dass in Böotien η allerdings
wie *e* oder *ä* geklungen hat. Die Erasmianer also, die η wie
reines *e* sprechen, haben nur die sonst von ihnen so verachteten
Böotier für sich, die Attiker gegen sich. Auf böotischen Inschriften steht fast regelmäßig statt *AI* ein *H*. So auf der
mehrfach erwähnten Inschrift von Orchomenos: statt $\varkappa\alpha\iota$ — $\varkappa\eta$;
ferner $\varkappa\varepsilon\varkappa o\mu\iota\sigma\tau\eta$ statt $\varkappa\varepsilon\varkappa o\mu\iota\sigma\tau\alpha\iota$; $\delta\iota\alpha\varkappa\alpha\tau\iota\eta\varsigma$ statt $\delta\iota\alpha\varkappa o\sigma\iota\alpha\iota\varsigma$;
$\eta\gamma\upsilon\varsigma$ statt $\alpha\iota\gamma o\iota\varsigma$ ($\alpha\iota\xi\iota$). Die Erasmianer verlangen, man solle
aus diesem böotischen η statt $\alpha\iota$ schließen, dass η allgemein
wie *e* gesprochen wurde; während sie nicht einmal den viel
berechtigeren Schluss daraus ziehen, dass im Nichtböotischen
$\alpha\iota$ wie *e* gesprochen wurde!

Von inschriftlichen Belegen für die Doppelnatur des η
mit Hinüberklingen in *i* ist der interessanteste der Fall des
EΠOEIΣEN anstatt *EΠOHΣEN* auf der berühmten Sige-
ischen Inschrift *(Corpus inscriptionum graecarum* No. 8).
Die Inschrift enthält sonst schon das *H* (η). Sie ist die attische
Übersetzung einer darüber stehenden ionischen. Der Steinmetz,
der $\dot\varepsilon\pi\acute o\varepsilon\iota\sigma\varepsilon\nu$ statt $\dot\varepsilon\pi\acute o\eta\sigma\varepsilon\nu$ schrieb, hat $\varepsilon\iota$ und η gewiss so
ähnlich gesprochen, dass ihm eine Verwechselung nahe lag.
Auch die Mutmaßung würde nicht zutreffen, dass das *I* nur an
die falsche Stelle geraten sei; dass der Steinmetz habe meißeln
wollen: *EΠOIEΣEN*. Abgesehen davon, dass $\dot\varepsilon\pi\acute o\eta\sigma\varepsilon\nu$ gut
attisch ist, — wie denkt man sich wohl einen Steinmetz, der
seines Irrtums *EΠO* statt *EΠOI* gewahr geworden, nun das
fehlende *I* irgendwo anders, gleichviel wo, hinsetzt? Und das,
obgleich selbst *EΠOEΣEN* nach altattischer Schrift richtig gewesen wäre, richtiger jedenfalls als das rätselhafte *EΠOEIΣEN*?
— Nein, *EI* und *H* haben im Attischen einander so ähnlich
geklungen, dass sie selbst bei so bedächtiger Schrift, wie es
doch jede Steinschrift naturgemäß sein muss, einander vertreten
konnten.

Leider habe ich das Original der Inschrift nicht gesehen.

In Boeckhs Facsimile sieht das Wort so aus („*βουστροφηδόν*" geschrieben):

$$EΠΟ\equiv$$
$$NEΣIE$$

Es ist sehr wohl möglich, dass an der schraffirten Stelle noch ein *I* gestanden. Indessen auch schon *EΠΟΕΙΣΕΝ* genügt für meinen Beweis.

Von anderen inschriftlichen Belegen führe ich an: *ΑΚΤΗΝΕΣ* statt *ΑΚΤΙΝΕΣ*. Ferner die sehr auffallenden Schreibungen *ΔΗΩΝΑ* statt *ΔΙΩΝΑ*, die sich zweimal auf Inschriften aus Dodona (4. oder 3. Jahrhundert v. Chr.) finden, unter Dutzenden von *ΔΙΩΝΑ.**) Die Verwechselung eines Mittellauts wie *H* mit einfachem *I* beweist, dass schon damals das *i* stark vorklang.

Auch gewisse Wortspiele bei Aristophanes verlieren ihr Salz ohne die Annahme, dass im η schon im 5. Jahrhundert ein deutliches *i* mitgehört wurde. In den „Vögeln" (Vers 1204) fragt Pithetäros auf die Kunde: *Ἶρις ταχεῖα* sei da, ängstlich: *Πάραλος ἢ Σαλαμινία?* Zu Grunde liegt das witzige Wortspiel mit *Ἶρις* und *τριήρης*, denn *Paralos* und *Salaminia* sind die Namen der beiden schnellsegelnden athenischen Staatsavisos. Man spreche *trieerees*, und der beabsichtigte Scherz fällt platt zu Boden.

Das Gleiche gilt von dem Witz in den Versen 925 und 926 des Aristophanischen „Friedens":

— *Τί δαὶ δοκεῖ; βούλεσθε λαρινῷ βοΐ;* —
— *Βοΐ; μηδαμῶς, ἵνα μὴ βοηθεῖν ποι δέῃ.*

Überhaupt muss man den merkwürdigen Umstand hervorheben: sämtliche Wortspiele der alten Dichter mit den zwischen Erasmianern und Reuchlinianern streitigen Vokalen oder Konsonanten verlieren jeden Reiz, ja jeden Sinn, sobald man sie holländisch-deutsch liest; sie zünden, sobald man sie griechisch liest.

---

*) No. 2 und 5 der Tafel XXXVI von Karapanos' „*Dodone et ses ruines.*" — No. 2 ist auch durch ihren Inhalt recht interessant. Sie lautet nämlich: „Lysanias befragt Zeus und Dione, ob das Kind, mit welchem Nyla guter Hoffnung, nicht von ihm sei."

Die Stellen aus dem „Kratylos" des Plato, welche vom η im Gegensatz zum ι oder ε handeln, muss man mit Vorsicht benutzen, wie ich schon früher (S. 115) bemerkte; d. h. mit Vorsicht bezüglich der etymologischen Scherze. An der Richtigkeit der Angaben über Aussprache zu zweifeln, dazu liegt keine Veranlassung vor. Etymologisch falsch ist die Erklärung von $\varDelta\eta\mu\acute{\eta}\tau\eta\varrho$ aus $\delta\iota\delta o\upsilon\sigma a$ $\mu\acute{\eta}\tau\eta\varrho$ gewiss; aber auch diese falsche Etymologie hätte Plato nicht wagen können, wenn $\varDelta\eta$ nicht durch den Klang auf $\delta\iota$ hingelenkt hätte.

Ausführlich aber und überzeugend sagt Plato durch den Mund des Sokrates seine Meinung über das Verhältnis von ι, $\varepsilon\iota$ und η in demselben „Kratylos" (418 B): „Du weißt, dass unsere Vorfahren sich sehr oft des ι und des δ bedienten, und nicht am wenigsten die Frauen, die ja den alten Laut" ($\varphi\omega\nu\acute{\eta}\nu$, ganz unzweideutig, nicht das doppelsinnige $\varphi\vartheta\acute{o}\gamma\gamma o\nu$) „am meisten bewahren. Jetzt aber verdreht man das ι entweder in $\varepsilon\iota$ oder in η, das δ in ζ, als seien diese großartiger. Von den Ältesten nannten die Einen den Tag $\iota\mu\acute{\varepsilon}\varrho a\nu$, die Andern $\acute{\varepsilon}\mu\acute{\varepsilon}\varrho a\nu$; jetzt heißt er $\acute{\eta}\mu\acute{\varepsilon}\varrho a$." — Dann folgt eine Auseinandersetzung, dass man aus $\acute{\iota}\mu\acute{\varepsilon}\varrho a\nu$ die vermeintliche Etymologie (von $\acute{\iota}\mu\varepsilon\acute{\iota}\varrho o\upsilon\sigma\iota$) sehr gut habe erkennen können; „jetzt dagegen kannst du nicht begreifen, was das schwülstige $\acute{\eta}\mu\acute{\varepsilon}\varrho a$ bedeuten mag."

Zweierlei folgt hieraus: zunächst die Ähnlichkeit der Aussprache von δ und ζ, die allerdings auch im Neugriechischen (δ = weichem englischem th; ζ = weichem s) durchaus vorhanden ist, in der holländisch-deutschen Aussprache (wie d und z) vollkommen fehlt. Sodann die Ähnlichkeit zwischen η und ι resp. $\varepsilon\iota$, aber nicht die zwischen η und ε. Plato sagt ganz klar, dass in guter alter Zeit das i deutlich gehört wurde; er lässt es aber in Zweifel, ob die Verdrehung des alten ι in $\varepsilon\iota$ oder η nur für einen orthographischen Schnörkel oder für eine lautliche Umwandlung gelten soll. Das „$\mu\varepsilon\tau a\sigma\tau\varrho\acute{\varepsilon}\varphi o\upsilon\sigma\iota$" des Originals lässt beide Deutungen zu; das „$\mu\varepsilon\gamma a\lambda o\pi\varrho\varepsilon\pi\acute{\varepsilon}\sigma\tau\varepsilon\varrho a$ $\check{o}\nu\tau a$" aber kann sich nur auf die Orthographie beziehen nach sonstigem Platonischen Sprachgebrauch. So nennt er auch die orthographische Einschiebung des ε in $\varPi o\sigma\varepsilon\iota\delta\tilde{\omega}\nu$, welches er trotzdem mit dem gleichklingenden $\pi o\upsilon\iota\delta\varepsilon\sigma\mu o\nu$ zusammenstellt, eine εὐπρεπεία. — Man kann sich die Sache klar machen an einem naheliegenden deutschen Beispiel. Man sprach zu allen Zeiten: „spaziren"; dann brachte eine wunderliche Orthographie-„Verbesserung" ein unberechtigtes e hinein, „ὡς δὴ μεγαλοπρεπέστερα ὄντα", und jetzt weiß kein Mensch, ob das „zieren" von „spazieren" nicht etwa von dem Verbum „zieren" herrührt. An der Aussprache aber hat sich darum nicht das Geringste in „spazieren" geändert, so wenig wie in ἡμέρα seit den Tagen der παλαιοί und der ἀρχαιότατοι bis auf Plato.

Aber selbst dann, wenn wir das „μεταστρέφουσιν" und „ὡς δὴ μεγαλοπρεπέστερον ὄντα" auf die Wandelung der Aussprache deuten sollen — obgleich man nicht einsieht, warum Plato die Aussprache des ει oder η für pompöser halten soll, als die des ι —, selbst dann folgt nicht im mindesten, dass aus dem reinen i-Laut des alten ἡμέρα ein reiner e-Laut geworden sein soll in dem neuen ἡμέρα — nach einem Durchgang durch NEMEPA, welches für εἱμέρα gestanden haben soll nach Platons Angabe. Bezieht sich der Satz auf einen Wandel der Aussprache, so ist zu Platons Zeiten ἡμέρα mit einem Mittellaut zwischen i und e gesprochen worden. Dass aber gerade die gute Aussprache der vorplatonischen Zeit (imera, nicht emera) nicht einmal einen Mittellaut kannte, darüber lässt der Wortlaut der obigen Stelle gar keinen Zweifel.

Danach hätte das η eigentlich folgendes Schicksal gehabt: „anfangs" (d. h. vor Plato) reines i; um 400 Mittellaut zwischen i und e mit Vorklingen des i; später immer stärkeres Übergewicht des i, bis es endlich siegt.

Zur alexandrinischen Zeit steht η oft genug an Stelle von ει, so Ἀλεξάνδρηα statt Ἀλεξάνδρεια. — In dem Papyrusmanuskript des Hyperides wimmelt es von Verwechselungen zwischen ε, ι, ει (vgl. S. 116), — aber niemals eine Verwechselung zwischen η und αι, welches letztere damals (2. Jahrhundert v. Chr.) in Alexandria unbestritten wie ä oder e gesprochen wurde.

Einzelne Beispiele für η zur Wiedergabe von i finden sich auch in der Übersetzung der Septuaginta; für kithim, silo, yilo, sion etc. steht κηαμ, σηλω, γηλων, σηων.

Strabo übersetzt Scipio durch Σκηπίων, Aquinum durch Ἀκούηνον; Plutarch schreibt Σερουίλιος und Παπήκια für

Servilius und *Palilia*. — Wenig Wert ist zu legen auf eine Münze aus der Zeit des Tiberius mit der Umschrift:

$$IOΥΛΙΑ\ ΣΕΒΑΣΤΟΥ\ ΘΗΓΑΤΗΡ.$$

Die Vergleichung des *η* mit seiner Wiedergabe bei römischen Schriftstellern (meist durch lang *e*) nützt deshalb so wenig, weil wir von der Aussprache dieses lateinischen *e* nicht viel mehr wissen, als von der des *η*. Beide waren Mittellaute zwischen *e* und *i*; es ist deshalb ganz begreiflich, dass wir *η* meist durch *e* wiedergegeben finden. Die Lateiner schrieben in vielen Fällen zur Andeutung des Mittellautes statt *e* ein *ei* (*omneis, treis, homineis*), und von einigen Wörtern, die uns fast nur mit *i* bekannt sind, führt Quintilian (*Institutio oratoria*, I, 4) an, dass sie früher mit *e* geschrieben wurden; so: *Menerva, leber, magester*. Quintilian ist es auch, der so deutlich, wie man es nur wünschen kann, vom lateinischen *e* sagt: „*In here* (statt *heri*) *neque e plane neque i auditur* (*Inst. orat.* I, 4). Auf altlateinischen Inschriften finden sich auch: *tempestatebus, mereto, fameliai*.

Das Lateinische bestärkt also nur, was alle anderen Quellen beweisen: *η* war ein Mittellaut zwischen *i* und *e*.

Das lateinische *e* hat auch in den romanischen Sprachen vielfach dasselbe Schicksal gehabt, wie das *η* im Neugriechischen: es ist zu *i* geworden oder hat seine Mittellaut-Natur noch stärker ausgeprägt. Aus *decem* ist französisches *dix*, italienisches *dieci*, spanisches *diez* geworden; aus *sex* franz. *six*, ital. *sei*, span. *seis*; aus *dedit* ital. *diede*; aus *venit* und *tenet* franz. *vient* und *tient*, ital. *viene* und *tiene*; aus *ferus* franz. *fier*, ital. *fiero*; aus *bene* franz. *bien*, span. *bien*; aus *heri* franz. *hier*, ital. *ieri*; aus *frenum* portug. *freio*; aus *plenus* portug. *cheio*; aus *rex* altfranz. *reis*, neufranz. *roi*, span. *rey*.

Den Grund endlich, den Curtius gegen *η* als *i* hernimmt aus der Unmöglichkeit des Entstehens von *igapon* aus *έαγάπων*, widerlegt man wohl am besten durch die Fragen: wenn aus *ε* + *α* nicht *η* = *i* werden konnte, wie hat aus *ε* + *o*, aber auch aus *o* + *ε* *u* werden können?! Oder: wie konnte aus einem „ursprünglichen" englischen *beat* die jetzige Aussprache *bit* werden? Wie ist aus *cano* geworden *cecini?* Wie wird aus *spreche* ein *sprich* und *gesprochen?*

Curtius würde jenen Einwand auch garnicht gemacht haben, wenn er Neugriechisch gekannt hätte. Die Neugriechen sagen noch heute ihr uraltes ἀγαπῶ; sie haben noch heute das Augment ε zur Bildung des Imperfecti, — diese „entarteten Abkommen des Perikles und Phidias". Und was das Merkwürdigste ist: sie bilden noch heute das Imperfektum aus einem zu konstruirenden ἐαγάπων; und — Wunder über Wunder — sie machen aus ε + α ein η, schreiben und sprechen ἠγάπων, d. h. *igapon!* Es ist nicht anzunehmen, dass die schlichten Bauern des Peloponnes, die selten lesen und schreiben können, soweit sie nicht unter 20 Jahren sind, *igapon* bloß aus Bosheit sagen. Es scheint doch im Geist des Griechischen zu liegen, dass die mit α und ε beginnenden Verba das Imperfektum durch eine Lautverschiebung mit *i* bilden!

XI.
Die Aussprache der Konsonanten.

1.
Spiritus asper.

Es ist fast sicher, dass es im ältesten Griechisch (vor Homer) einen Hauchlaut gab; sehr wahrscheinlich, dass er schon zu Homers Zeiten zu verschwinden begann; vollkommen gewiss, dass er im 5. Jahrhundert v. Chr. so stumm geworden war, dass die Athener 403 v. Chr. sein Zeichen abschafften, resp. es seitdem für etwas anderes anwandten.

Die Erasmianer, welche trotzdem hartnäckig jenen Hauchlaut sprechen, behaupten damit, dass die griechische Schrift, jene „phonetische Schrift", ein Zeichen besessen, welches zwar — nicht geschrieben, dennoch aber gesprochen wurde! Dass eine Schrift stumme Zeichen besitzt, ist begreiflich, — so im Griechischen das *I* in den Dativen auf *AI*, *ΩI* und *HI* (früher *EI*). Dass aber eine Sprache Zeichen spricht, die nicht geschrieben werden, dazu mussten die Erasmianer geboren werden, um uns solche Weisheit der vierten Dimension zu lehren.

Wenn irgend etwas in der Aussprache jedem Zweifel entrückt ist, dann die Stummheit des *H* im 5. Jahrhundert, schon lange vor 403. Denn das ist wohl klar: ein in der Schrift so konservatives Volk wie das der Athener schafft ein Zeichen nicht ab, welches noch irgend einen lautlichen Wert besitzt, — schafft es erst recht nicht ab, um solche vergleichsweis unbedeutenden

Unterschiede wie zwischen kurz *e* und lang *e* damit zu be-
zeichnen, — es sei denn dass das Zeichen gänzlich überflüssig,
d. h. stumm gewoiden.

Es schafft es aber selbst dann noch nicht sogleich ab. Das
Verstummen tritt ja nicht von heute auf morgen ein; es dauert
auch eine Weile, ehe ein Volk sich des Verstummens klar bewusst
wird, — und selbst dann zögert es noch Menschenalter hindurch
mit der Abschaffung, zumal wenn es Rücksichten auf so viele
steinerne Staatsurkunden mit dem alten Zeichen zu nehmen hat,
wie das athenische Volk.

Wer das bezweifelt, der sei an die Geschichte des „Dehnungs"-*h*
im Deutschen erinnert! Wie langsam beginnt dieses seit Jahrhunderten falsch gesetzte, zur Dehnung überflüssige Zeichen aus
der amtlichen wie bürgerlichen Schrift zu verschwinden! Wer
nach einigen Jahrhunderten unsere jetzigen Bücher oder Handschriften liest, wird geneigt sein zu schließen: „Es scheint
doch, als habe man im 19. Jahrhundert in Deutschland
das *h* noch an anderen Stellen als im Anfang der Silben gesprochen." Sollte aber das „Dehnungs"-*h* einst ganz aus unserer
Schrift verschwunden sein, und sollte ein davon befreites Schrift-
stück einem Deutschen des 29. Jahrhunderts vor die Augen
kommen, — ist wohl zu denken, dass dieser Zukunftsdeutsche so
töricht sein wird, dass er von dem garnicht mehr in der Schrift
vorhandenen *h* behauptet, es sei dennoch gesprochen worden?
Das glaube ich von keinem einzigen Zukunftsdeutschen. Er wird
um so weniger auf solche tolle Vermutung kommen, wenn ihm
bekannt ist, dass anno 189* oder 19** jenes überflüssige *h* von
Staatswegen abgeschafft und — vielleicht mit einer kleinen Änderung
der Form — zur Bezeichnung des jetzigen *ch* bestimmt worden.

Auch im Englischen wird das *h* in vielen Wörtern, in denen
es noch steht, nicht mehr gesprochen; jedenfalls in keinem, in
dem es nicht mehr steht, außer von ungebildeten Leuten, die
durch den orthographischen Wirrwarr mit dem bald fehlenden,
bald geschriebenen stummen *h* dazu gebracht werden, statt *ham
and eggs* zu sprechen: *am and heggs.*

Die Erasmianer können sich für ihren *Spiritus asper* nicht
auf die Inschriften berufen, sonst müssten sie auch für das ganze
5. Jahrhundert bis 403 zugeben: es gibt kein *η*, kein *ει*, kein *ου*,

kein ω. Sie stützen sich lediglich anf die Wortmacherei der
griechischen Grammatiker vom ψιλόν und δασύ; und wenn sie auch
zugeben, dass das ψιλόν stumm war, — „das δασύ muss dafür
um so lauter gewesen sein."

Die Grammatiker! — Steht nicht noch heute in allen französischen Grammatiken der Unterschied von *h muette* und *h aspirée*
wenigstens dem Namen nach, und ist nicht trotzdem das „aspirirte"
h genau so stumm wie das „stumme"?!

Aber, wenden die Erasmianer ein, — im Französischen übt
ja *h aspirée* trotz seiner Stummheit noch einen merklichen Einfluss
auf das Verhältnis zweier zusammenstoßender Vokale. Wie im
Französischen *le héros* nicht in *l'héros* verwandelt werden darf*),
so übte auch der *Spiritus asper* im Griechischen seinen Einfluss,
indem er die folgende Tenuis meist in eine Aspirata verwandelte.

Vollkommen richtig, — nur folgt daraus mit nichten, dass
der *Spiritus asper* im 5. oder 4. Jahrhundert v. Chr. noch
g e h ö r t wurde, weil man s c h r i e b: ἀφ' οὗ. Einen schlagenden
Beweis dafür, dass es trotz gänzlichem Verstummen des *Spiritus
asper* möglich ist, ἀφ' οὗ zu schreiben — und *af u* zu sprechen —,
liefert das N e u g r i e c h i s c h e. Es besitzt keinen einzigen
g e s p r o c h e n e n *Spiritus asper*, spricht und schreibt aber noch
heute, wie vor 2500 Jahren, ἀφ'!

Die Anschauung der Erasmianer vom *Spiritus asper* (wie
auch von der Krasis) ist nichts als eine naiv-schulmeisterliche
Kurzsichtigkeit. Ebenso wie ein Gymnasiallehrer einem Büblein
in der Tertia sagt: „Nimm dich in Acht mit den Tenues vor
dem g e s c h r i e b e n e n *Spiritus asper*; verwandle ἀπό vor οὗ be-
dächtig in ἀφ', κατά in καθ', οὐκ in οὐχ etc.", — genau so
denken sich die Erasmianer den Vorgang in der g e s p r o c h e n e n
Sprache. Sie denken, den alten Hellenen sei es so ergangen,
wie dem Monsieur Jourdain im *Bourgeois Gentilhomme* Molières,

---

*) Aber vom Volk längst verwandelt wird. — *L'héroisme* ist
sogar akademisches Französisch geworden. Bemerkenswert ist
übrigens, dass fast alle aus griechischen oder lateinischen Wörtern
stammenden *h* stumm sind, die aus germanischen stammenden
„aspirées".

dem der Sprachmeister glaubt beibringen zu müssen: „Der Laut
u ($\ddot{u}$) wird erzeugt durch eine Verlängerung der Lippen, wie
wenn man jemandem ein bös Gesicht machen wollte" —, als ob
etwa sonst Monsieur Jourdain kein u sprechen könnte.

Darin allerdings haben die alten Griechen es gemacht, wie
derselbe Monsieur Jourdain, der, ohne es zu ahnen, „Prosa spricht" —:
die Griechen hatten im 5. Jahrhundert v. Chr. so wenig nötig
zu wissen, dass ἀπό nur deshalb zu ἀφ' wird, weil angeblich
ein Hauchlaut darauf folgt, wie die Neugriechen es zu wissen nötig
haben, um in denselben Fällen ἀφ' zu sagen. Man kann wirklich
sein Lebelang „Prosa sprechen", ohne sich des Warum deutlich
oder undeutlich bewusst zu werden.

Wie ist das Vorhandensein solcher Verbindungen wie ἀφ' οὗ
(oder *le héros*) zu erklären, ohne die Voraussetzung eines noch
gesprochenen *h*? Dadurch, dass man annimmt, in unvordenklichen
Zeiten, lange, lange vor dem 5. Jahrhundert v. Chr., ist einmal
ein *h* gesprochen worden, welches damals seine Wirkung auf
die vorangehenden Konsonanten geübt hat. Aus jener Zeit
stammen solche Verbindungen wie ἀφ' οὗ und alle anderen, und
sie blieben lebendig, nachdem man längst aufgehört hatte, οὗ
wie *hu* zu sprechen. Genau so, wie *le hasard*, *le héros*, *le
hareng*, *la Hollande* noch der Sprache der Gebildeten ange-
hören, obgleich längst gesprochen wird: *azard*, *éros*, *areng*,
Ollande.

Längst schon sprechen die Neugriechen nicht mehr ὁδός,
ὅλος, ὥρα, sondern ὀδός, ὄλος, ὤρα; aber κάθοδος, καθόλου,
ἀφ' ὥρας, ebenso auch ἀφ' οὗ, sind lebendig geblieben und
werden wahrscheinlich den letzten Erasmianer überleben.

Sehr spaßhaft ist es, zu sehen, wie schon vor der Abschaffung des *Spiritus asper* im Jahre 403 das *H* von den
Griechen just ebenso falsch angewendet wird, wie von ungebildeten Engländern und Deutschen. Ganz dasselbe Schriftelend
im 5. Jahrhundert v. Chr., wie im 19. n. Chr. Wir ver-
missen auf attischen Inschriften aus der allerbesten Zeit *) ein

---

*) Vgl. die Tributlisten im II. Bande von Boeckhs „Staats-
haushaltung" (II. Auflage), namentlich die auf S. 748 ff.

H, wo es stehen sollte. Für $\dot{\alpha}\varphi'$ ὦν steht $\dot{\alpha}\varphi'$ ὦν, für ἐς ἅς — ἐς ἅς.

Das sicherste Zeichen aber des Verstummens eines *h*-Lautes liegt in seiner Schreibung da, wohin er nicht gehört. Auch dafür mangelt es nicht an Beispielen aus klassischster Zeit. Jene Inschrift bei Boeckh zeigt neben dem $\dot{\alpha}\varphi'$ ὦν und ἐς ἅς auch ein *HEXOMENON*!

Wann das *H* verstummt ist, kann nicht mit Sicherheit festgestellt werden. Meine Ansicht geht dahin, dass es schon in den Homerischen Gedichten meist stumm ist. Ich meine damit nicht nur die ionischen Formen wie οὖλος statt ὅλος, ἠέλιος statt ἥλιος, ἵκμενος, Ἀΐδης etc.; sondern ich habe Verse im Auge, wie:

$$\text{Ὦ Ὀδυσεῦ, ἐπεὶ ἵκευ etc. (Odyssee, XIII, 4), —}$$
$$\text{Καλῇ ὑπὸ πλατανίστῳ ὅθεν ῥέεν ἀγλαὸν ὕδωρ}$$
$$\text{(Ilias, II, 307).}$$

Die Verkürzung des ει von ἐπεί, die des ῳ von πλατανίστῳ ist doch — zumal nach Erasmischer Anschauung — nur verständlich, wenn zwischen ἐπεὶ und ἵκευ, zwischen πλατανίστῳ und ὅθεν nicht ein Halbkonsonant wie *h* gehört wurde. — Die Erasmianer müssen auch in einem Vers wie:

$$\text{Φράζευ ὅπως μνηστῆρσιν · etc. (Odyssee, XIII, 376)}$$

das Verstummen des *Spiritus asper* in ὅπως zugeben, denn was wird sonst aus dem φράζευ mit seinem „kurzen" ευ?

Das lateinische geschriebene *h* in vielen griechischen Wörtern, welche früher mit *H* geschrieben worden waren, beweist für die griechische Aussprache garnichts, — so wenig wie das deutsche „Hazardspiel" beweist, dass das *h* in *le hazard* gehört wird. Es beweist um so weniger, weil das lateinische *h* um die Zeit, wo man griechische Wörter übertrug, aller Wahrscheinlichkeit nach selber stumm war. Die reichhaltige Sammlung von Beispielen aus römischen Inschriften, in denen *h* fälschlich fehlt oder gesetzt ist (Corssen, I, S. 104—110), lässt kaum einen Zweifel daran. Im Italienischen ist *h* genau so stumm, wie der *Spiritus asper* im Neugriechischen.

2.

$$\beta. - \gamma. - \delta. - \zeta. - \vartheta. - \varkappa. - \sigma. - \chi.$$

Von den **Konsonanten** ist in der 359jährigen Fehde weniger die Rede gewesen. Die Erasmianer haben bezüglich des γ, δ, ϑ, $\varkappa$, σ, χ eigentlich nie ernsten Widerspruch erhoben gegen die Berechtigung der neugriechischen Aussprache. Das γ wird nämlich vor i- und e-Lauten gesprochen wie j. Weder Erasmianer noch Reuchlinianer haben irgendwelche Beweise für g oder j; die Letzteren aber stützen sich, wie immer, auf die Überlieferung. — Dasselbe gilt vom δ, welches jetzt lautet wie weiches englisches th. Für diese Aussprache des δ in recht alter Zeit, wenn auch vielleicht nur im Peloponnes, zeugen Schreibweisen auf alten Inschriften in Olympia wie $\zeta\acute{\epsilon}$ statt $\delta\acute{\epsilon}$, $\zeta\acute{\iota}\varkappa\alpha\iota\alpha$ statt $\delta\acute{\iota}\varkappa\alpha\iota\alpha$, $'O\lambda\upsilon\mu\pi\iota\acute{\alpha}\zeta\omega\nu$ statt $'O\lambda\upsilon\mu\pi\iota\acute{\alpha}\delta\omega\nu$, — zugleich ein Beweis für eine Aussprache des ζ dem weichen s ähnlicher, als dem tz oder sd der Erasmianer.

Dass ein sehr deutlicher Unterschied zwischen der Aussprache von τ und ϑ bei den alten Attikern bestanden haben muss, braucht man Kennern des Griechischen kaum zu sagen. Der Umstand, dass die Wiederholung des ϑ, durch Deklinations- oder Konjugationsformen entstanden, in demselben Wort vermieden wurde ($\tau\acute{\epsilon}\vartheta\eta\varkappa\alpha$, nicht $\vartheta\acute{\epsilon}\vartheta\eta\varkappa\alpha$), deutet an, dass der Laut des ϑ ein solcher gewesen, an dem man „einmal genug hatte". Das englische harte th ist ein solcher Laut; er kommt im Englischen meines Wissens in keinem Wort zweimal vor.

In Deutschland werden τ und ϑ völlig gleich gesprochen, — in diesem Fall entschuldbarer Weise, denn das englische th ist nicht Jedermanns Sache; „mancher lernt's nie". Dass die Aussprache des ϑ wie t eine barbarische ist, das sagt unseren Philologen Aristophanes, der seinen Skythen in den „Thesmophoriazusen" dadurch zum Barbaren stempelt, dass er ihn statt $\vartheta\upsilon\gamma\acute{\alpha}\tau\rho\iota\upsilon$ sprechen lässt: $\tau\upsilon\gamma\acute{\alpha}\tau\rho\iota\upsilon$. Auch die Engländer, die sich über die Aussprache eines Deutschen lustig machen wollen, lassen ihn statt *mother* sprechen: *modder*, statt *thief: tief*.

Im Russischen ist das ϑ zu einem *f* geworden, was nur erklärlich ist durch die Aussprache des ϑ nach englischer Art. So ist aus Θεύδωρος *Fedor* geworden, aus Θεοδώρα *Fedora*. — Merkwürdig genug, dass auch im Altgriechischen sich für diesen Übergang Beispiele nachweisen lassen. Auf einer der dodonäischen Inschriften (vgl. Karapanos' *Ruines de Dodone,* Tafel XXXIV, No. 3) findet sich φειῶν statt ϑειῶν, φύοντες statt ϑύοντες.

Auch im Neugriechischen ist diese Umwandlung des ϑ in φ nichts unerhörtes. Die Einwohner von Theben in Böotien nennen ihre Stadt Φῆβα.

Das κ hat vor den *e-* und *i-*Lauten im Neugriechischen einen Klang etwa wie *tch*; jedenfalls ist es palatal. Selbst von dieser Aussprache glaube ich, dass sie sehr weit zurückreicht. Sie erklärt ein Rätsel der lateinischen Aussprache: die des *c* vor *e-* und *i-*Lauten. Wie wurde *Cicero* gesprochen? Die Einen sagen: *Zizero,* ohne zu wissen, warum? Die Andern meinen: *Kikero,* und stützen sich auf Κικέρων. Sie lassen dadurch unerklärt, wie die italienische Aussprache *Tschitscherone* entstehen konnte. Dass Κικέρων wie *Kikeron* gesprochen wurde, erscheint ihnen zweifellos. Corssen müht sich ab, die gequetschte italienische Aussprache des *c* zu erklären, ohne selbst darüber klar geworden zu sein. Die heutige griechische Aussprache des κι und κε wie *tchi* und *tche* löst die Frage: die alten Griechen haben eine Aussprache in dem Worte *Cicero* gehört, die nicht zu weit von *Tchitchero* entfernt war. Aus jenem *Tchitchero* wurde das italienische *Tschitscherone;* im Neugriechischen lautet Κικέρων: *Tchitcheron.*

Eine sehr eigentümliche Bestätigung für das hohe Alter der „neugriechischen" Aussprache des κ finde ich in dem scherzhaften Prozess des Σ und T bei Lukian (Δίκη φωνηέντων, Band 1, S. 29 der Dindorfschen Ausgabe). Dort beschuldigt das Σ das T, dass es sich in einem Wort wie Κῦρος an die Stelle des K setze und Τῦρος daraus mache. Der Scherz ist sinnlos ohne eine der heutigen ähnliche Aussprache des K.

Dass das σ scharf zu sprechen ist — ausgenommen vor β, γ, δ, μ — bestreiten selbst die Erasmianer nicht. — Auch dass χ sich in der Aussprache nach dem folgenden Vokal richtet, geben sie zu.

Über die Erweichung des π nach μ zu b, des τ nach ν zu d, des χ nach ν zu g braucht man nicht viel zu sagen. Diese Erweichung liegt durchaus im Wesen des griechischen Lautcharakters. — Zum Überfluss zeigen auch alte Inschriften und Papyrus solche Formen wie ἄντρα statt ἄνδρα, διὰ πάνδων statt διὰ πάντων.

Bleiben noch β und ζ. — Mit Ausnahme unseres Blass, dem die Sache mit dem ζ $=$ weichem s noch immer nicht einleuchten will, sind die Erasmianer einverstanden, dass ζ weder z noch tz, noch ts noch ds, noch sd, sondern ein ganz weiches s war. Curtius musste in diesem Punkte sogar Blass abweisen und ihm gegenüber betonen: „Der Laut des ζ gehörte vielmehr nach allen Angaben der Grammatiker zu den sanftesten." Hätte Blass sich ein wenig umgeschaut, so hätte ihm die Stelle bei Quintilian (Inst. orat. XII, 10) nicht entgehen können, an welcher dieser beklagt, dass die Römer die weichsten Laute der Griechen: v*) und ζ nicht besitzen, — jene Laute, „*quibus nullae apud eos dulcius spirant.*" Auch hätte er bei einigem Fleiß die Stelle im Sextus Empirikus (Πρὸς γραμματικούς, Bekkers Ausgabe, S. 638 und 639) finden müssen, wo jener gescheite Schriftsteller solche Streitereien, wie die über die richtige Schreibweise von Σμύρνα (nämlich ob Σμίρνα oder Ζμίρνα) für gleichgiltiges orthographisches Gewäsch erklärt, sintemalen Ζμίρνα ebenso gesprochen werde wie Σμύρνα, nämlich beide mit weichestem s. Mögen sich die Erasmianer in ihre Kollektaneenhefte doch jenen Zornruf des Sextus über philologische Mückenseiherei schreiben: „Ἐάν τε διὰ τοῦ σ, ἐάν τε διὰ τοῦ ζ κατάρχηται, — — τίς χρεία τῆς πολλῆς καὶ ματαίας παρὰ τοῖς γραμματικοῖς περὶ τούτων μωρολογίας." — Er konnte recht grob werden, jener alte Grieche!

Außer Ζμίρνα führt Sextus noch ζμίλιον statt σμίλιον an. — Ferner sind bekannt Formen wie Πελάζγικος und ψήφιζμα, in denen ζ offenbar nichts als ein orthographisches Fossil ist.

---

*) Quintilian meint offenbar das halbvokalisch-weiche w in av und ev. — Vgl. meine Bemerkung über die Aussprache von πεπαίδευνται (S. 128).

Wer sich daran stößt, dass bei Homer vor ζ kurze Vokale
meist lang werden, den erinnere ich daran, dass wir auch im
Deutschen eine Verdoppelung des weichen *s* besitzen, freilich
nur im Niederdeutschen (z. B. im Berlinischen), in Wörtern wie
„*fuzzel*". Auch das Englische besitzt diesen Laut, z. B. in *puzzle*.
$\overset{..}{=}$ war ein Dauerlaut gleich dem *w* in αv und εv, machte also
„Position".

Das β lautet heute *w*. Die Erasmianer sprechen es *b*. —
Warum? Sie sagen es nicht deutlich; sie schämen sich, einzu-
gestehen, dass der wahre Grund unser alter Bekannter ist:
griechisches B in der Form gleich römischem B, also auch
deutschem B, folglich $\beta = b$.

Dem stehen gegenüber, wie immer auf Reuchlinischer Seite:
erstens der Hinweis auf die lebendige Überlieferung, sodann die
sprachvergleichenden und historischen Gründe.

Für die älteste Zeit, bis zu den Römern, genügt schon die
Hervorhebung, dass niemals, auch in Dialekten nicht, B und Π
auf Inschriften verwechselt wurden. Selbst die „hellenisirten
Egypter", über welche Blass so geringschätzig aburteilt, obwohl
sie uns so vorzügliche Manuskripte hinterlassen haben, — selbst
die haben nicht β mit π verwechselt, obwohl ihre egyptische
Schrift gar kein *b* kannte, eine Verwechselung also mit *p* das
Natürlichste von der Welt gewesen wäre.

Die Römer haben allerdings griechisches B durch ihr B
wiedergegeben; aber was folgt daraus? Wissen wir so genau,
wie die Römer ihr B gesprochen haben? Haben sich die Römer
nicht in diesem Falle, durch die völlige Gleichheit des Zeichens
bestimmt, nach dem Auge statt nach dem Ohr gerichtet? Macht
man es denn heute bei der Wiedergabe von fremden Wörtern
anders? Schreiben wir etwa das spanische, mehr wie *w* denn
wie *b* klingende B mit einem W (oder V), oder lassen wir es
nicht ruhig beim B bewenden? Ja ich glaube, die Römer hätten
griechisches B selbst dann durch ihr B wiedergegeben, wenn
dieses völlig wie deutsches *b* geklungen hätte, — anstatt es
durch ihr V auszudrücken. Die Griechen aber übersetzten zwar
lateinisches B durch ihr B; aber — und das ist beweisend —:
sie übersetzten auch V durch B. Wohl muss ein Unterschied

zwischen lateinischem *V* und griechischem *B* gefühlt worden sein, denn die Griechen begnügten sich nicht mit *B* zur Wiedergabe von *V*; aber groß kann jener Unterschied nicht gewesen sein. So schreibt Plutarch für *Verres: Βέρρης; Ravenna* wird *Ραβέννα; Varro Βάρρων; Virgilius Βιργίλιος.*

Am deutlichsten wird der ganz weiche Laut des griechischen *β* durch sein Abwechseln mit *ου* und *υ*. Die Griechen schrieben nicht bloß *Βάρρων*, sondern auch *Ούάρρων*, — woraus ich schließen möchte, dass das lateinische *V* nicht unähnlich dem englischen *w* geklungen habe. Für *Aventinus* finden sich gar die drei schon erwähnten Formen *Άουεντῖνος, Άυεντῖνος* und *Άβεντῖνος.* Ferner *Βαλεριανός* neben *Ούαλεριανός; Βενούσια* neben *Ούενούσια.* Auch *Βιργίλιος* hat eine Nebenschreibart: *Ούεργίλιος.* Ein *β*, welches mit *ου* und *υ* abwechselt, **kann** kein hartes deutsches *b* gewesen sein.

Wie es mit dem lateinischen *b* gestanden haben mag, deuten Wörter wie *bellum* aus *duellum* oder *dvellum*), *bis* (aus *dvis*), *bos* (aus *gvos*) an. — Abwechselungen zwischen *v* und *b*, wie in *ferbui* aus *ferveo*, zeigen, welch ein weicher Lippenlaut *b* im Latein gewesen.

Das Spanische hat diesen Klang des lateinischen *b* am treuesten bewahrt.

XII.

Die Rückkehr zur griechischen Aussprache in den Schulen.

Es war weder meine Absicht, noch ist es möglich, nachzuweisen, dass die Griechen des 5. Jahrhunderts v. Chr. das Griechische genau so ausgesprochen haben, wie die des 19. Jahrhunderts n. Chr. Was ich beweisen wollte, war dieses: die alten Griechen haben nicht so gesprochen, wie ein Holländer des 16. Jahrhunderts es scherzhaft behauptet hat; sie haben ähnlicher den Neugriechen als den Holländern und Deutschen ausgesprochen.

Ob es mir gelungen ist, den Nachweis der Ähnlichkeit zwischen neuer und alter griechischer Aussprache zu liefern, das weiß ich nicht. Die Philologen nämlich, welche ohne jede Prüfung sich die holländische Aussprache seit Jahrhunderten gefallen lassen, stellen die strengsten Anforderungen der Wissenschaft an Jeden, der ihnen beweisen will, dass die Enkel den Ahnen ähnlicher gesprochen haben, als wildfremde Menschen anderer Race, anderen Landes, anderer Sprache. Ja, sie können zuweilen sehr wissenschaftlich — tun, die Erasmianer!

Was soll nun aber geschehen, falls wider Erwarten die Überzeugung durchdränge — ob durch meine Arbeit oder die eines Anderen, Berufeneren, ist gleichgiltig —, dass die alten Griechen, wenn nicht völlig gleich, so doch ähnlich den

neuen Griechen gesprochen haben? Falls man anfinge, sich
in der Philologenwelt bescheiden zu sagen: wie die alten
Griechen gesprochen haben, wissen wir nicht; also — folgen wir,
in Ermangelung irgend einer vertrauenswürdigeren
Überlieferung, der Aussprache ihrer Nachkommen, wie wir
das mit allen übrigen Sprachen früherer Zeiten tun —?

Was geschehen soll, das weiß ich. Zurückkehren soll
man zu der Aussprache, welche auf allen Hochschulen Europas
bis zum Jahre 1528 unbestritten gelehrt wurde. Es handelt sich
um eine Rückkehr, nicht um eine Neuerung, die noch nie dagewesen.

Ich weiß aber leider auch, was geschehen wird. Nichts,
rein garnichts! Die Erasmianer mögen beileibe nicht denken,
ich bildete mir ein, sie durch wissenschaftliche Gründe überzeugen oder gar zur Einführung der griechischen an Stelle der
holländischen Aussprache bestimmen zu können. Nein, ich mache
mir nicht die geringsten Täuschungen darüber: kein wissenschaftlicher Beweis, von mir oder von wirklichen Philologen,
mir tausendfach an Wissen überlegen, — keiner genügt, um den
Schlendrian deutscher Gymnasien zu ändern. Nur ein strenger obrig-
keitlicher Ukas: so ist es, so soll es sein! — könnte helfen.
Da aber die Obrigkeiten, also die Unterrichtsministerien, zu ihren
Beratern vorzüglich klassische Philologen haben, so wird es beim
Alten bleiben, — in der Frage der Aussprache des Griechischen, wie
in allem übrigen; beim Alten, wie seit den Tagen der klöster-
lichen Lateinschulen des Mittelalters.

Manche Schulmänner, die wissenschaftlich wohl zu überzeugen
wären, wenden ein: die Einführung einer „neuen" Aussprache des
Griechischen (d. h. die Wiedereinführung der ursprünglichen,
alten) ist praktisch mit solchen Schwierigkeiten verknüpft, dass
wir wohl oder übel beim Holländischen bleiben müssen, selbst
nachdem wir eingesehen, dass es dummes Zeug ist.

Ich glaube, man überschätzt die praktischen Schwierigkeiten.
Natürlich können die armen Jungen, die schon in der Sekunda
oder Prima sind, nicht mehr umlernen. Vielleicht auch nicht
mehr die älteren Lehrer. Dagegen ist es keine zu hohe Forderung, dass die jüngeren Lehrer sich die griechische Aussprache
neben der holländischen aneignen, um nach einer gegebenen

Übergangszeit mit dem Unterricht der vernünftigen Aussprache in der Tertia zu beginnen. Nach etwa zehn Jahren haben wir dann eine Generation von mehreren hunderttausend ehemaligen Gymnasiasten, die nichts anderes kennen als die griechische Aussprache des Griechischen, und nach weiteren zehn Jahren ist die holländische Aussprache ein schlechter Witz der Vergangenheit.

Ein Lehrer ist im Stande, in einer Woche griechisch lesen zu lernen. Ein geringes Maß von Übung befähigt ihn dazu, es fließend zu lesen, und nach weniger als einem Jahr vermag er kaum noch das Griechische ohne Stocken auf holländische Art zu sprechen. Diese Erfahrung habe ich, der ich vom 11.—33. Jahre kein anderes als holländisches Griechisch gehört und gesprochen hatte, an mir selber gemacht. Ich traue jedem wackeren Gymnasiallehrer zu, dass er mindestens in ebenso kurzer Zeit wie ich seine *hoioi*- und *aiai*-Aussprache sich abgewöhnen kann.

Bleibt das eine pädagogische Bedenken: die Erlernung der griechischen Rechtschreibung ist bei der neugriechischen Aussprache schwerer als bei der holländischen.

Ich wende dagegen allgemein ein: auch Französisch und Englisch würden weit weniger Schwierigkeiten verursachen, wenn sie auf der Schule gesprochen würden streng nach dem Lautwert ihrer Schriftzeichen im Deutschen!

Sodann überschätzt man die Schwierigkeiten der Rechtschreibung. Sehen wir einmal zu, welche Fehlerquellen das jetzige Schulgriechisch enthält, und wie viele das Neugriechische hinzufügen würde. Im Schulgriechischen können verwechselt werden und werden jeden Tag verwechselt: $\alpha\iota$ mit $\varepsilon\iota$, $\varepsilon\iota$ und $\eta\iota$ mit $o\iota$, τ mit ϑ. Daneben, seltener, kommen Verwechselungen vor zwischen $\alpha\iota$ resp. $\varepsilon\iota$ und $o\iota$ resp. $\varepsilon\iota$. zwischen ε und η, ι und υ, o und ω. — Aber ich will nur jene ersten vier entschuldbaren Verwechselungen in Rechnung ziehen.

Das Neugriechische beseitigt die Fehlerquellen des Gleichklangs von $\alpha\iota$ mit $\varepsilon\iota$, von $\varepsilon\iota$ und $\eta\iota$ und $o\iota$, von τ und ϑ. Es enthält an neuen Fehlerquellen folgende: Verwechselungen von

αι mit *ε*, von *ο* mit *ω*, von *ι*, *η̣*, *ει*, *οι*, *υ*, — d. h. 7 neue
gegenüber 4 alten, die es beseitigt: mithin Belastung seines
Kontos mit 3 neuen Fehlerquellen. Die Verwechselung zwischen
ε und *η̣*, die jetzt recht oft zu Fehlern führt, ist im Neugriechischen
unmöglich. Spricht man vollends das *v* wie *ü*, was ohne Bedenken geschehen könnte, so bleiben im ganzen 2 neue Fehlerquellen.

Natürlich fällt auch dieses Bedenken ganz weg, sobald man
es aufgibt, die Gymnasiasten s c h r i f t l i c h e Übungen im Altgriechischen machen zu lassen, — eine Forderung, die jetzt noch
alle Zopfphilologen mit Entsetzen erfüllt, die aber dennoch einmal
durchdringen muss. Es ist möglich (nicht sicher), dass durch
schriftliche Übungen eine bessere Kenntnis der Formen f ü r d i e
D a u e r d e r S c h u l z e i t erzielt wird. Dagegen würde eine umfang-
reichere Lektüre der griechischen Schriftsteller eine bessere
Kenntnis des Altertums f ü r d a s s p ä t e r e L e b e n sichern, und ich
denke: diese Kenntnis zu vermitteln, dazu soll ja eigentlich der
ganze altgriechische Sprachunterricht dienen; wenigstens s a g e n
die Philologen so.

Aber wenn nun wirklich selbst bei den schriftlichen Übungen
gelegentlich statt *αι* ein *ε*, statt *η̣* ein *ι*, statt *ει* ein *οι*, statt
ο ein *ω* geschrieben würde, — was wäre das denn Schlimmeres
als ein o r t h o g r a p h i s c h e r Fehler? Ich kann mir denken,
dass ein Schüler vortrefflich Griechisch verstände, es auch ohne
grammatische Fehler schriebe, aber einmal statt *χειρ* setzte: *χη̣ρ*,
was bei gleicher Aussprache der beiden kein Unglück wäre.
Warum soll ein deutscher Primaner denn weniger orthographische
Fehler in einem vergänglichen Schülerheft machen, als die alten
Griechen sie auf ihren für Zeit und Ewigkeit bestimmten Stein-
inschriften gemacht haben?!

Auf den Gymnasien in Neugriechenland, auf denen bekanntlich
sehr emsig Altgriechisch getrieben wird, verursacht die historische
Orthographie keine außergewöhnlichen Schwierigkeiten.

A propos: pädagogische Bedenken! Wunderliche Pädagogen,
welche ihren Schülern zumuten, sich jedes griechische Wort mit
seinem genauen Accent einzuprägen, und doch sich nichts daraus
machen, dass die mühsam eingepaukten Accente bei der Skandirung

der Dichter zu allen Teufeln gehen. Wie lange dauert es, ehe
der Schüler sich merkt: πολλά, — und gleich der erste Vers
der Odyssee zwingt ihn, zu betonen: πόλλα! Wie viele Fehler
in der Accentsetzung auf Rechnung dieser eigentümlichen Päda-
gogik fallen, das wird von den Praktikern unter den Erasmianern
immer sorgfältig verschwiegen.

Zum Schluss fasse ich den Inhalt dieser Schrift zu einer Reihe kurzer Thesen zusammen. Ich halte es für möglich, dass auf einer der nächsten Philologen-Versammlungen die Frage der griechischen Aussprache wieder einmal in ernste Beratung gezogen werde; da könnten diese Thesen vielleicht als Ausgangspunkte einer Besprechung dienen, die nicht so ergebnislos im Sande verliefe, wie die früheren.

Die meisten Einzelheiten dieser Schrift gebe ich der Einzelkritik willig preis. Ich kann mich in manchen Nebendingen, in der Echtheit der benutzten Inschriften und Handschriften, in den Angaben der Griechen und Römer etc. hier und da geirrt haben. Aber selbst wenn mir solche Irrtümer nachgewiesen werden sollten, bleiben die nachfolgenden Thesen bestehen. Sie enthalten auf den ersten Blick vielleicht Selbstverständlichkeiten, aber es war notwendig, sie einmal auszusprechen und zu beweisen, da in der Philologen-Welt selbst die meisten jener Selbstverständlichkeiten entweder unbekannt oder bestritten sind.

Den herben Ton meiner Schrift brauche ich nicht zu entschuldigen. Ich hatte es zu tun nicht mit einer ernst zu nehmenden, wissenschaftlich begründeten Theorie, sondern mit einem Unfug, dessen Ursprung den Meisten seiner Mitverüber unbekannt ist. Ich lasse mich in eine höfliche Diskussion mit Jedem ein, der über das größere oder geringere Maß der Abweichung der neugriechischen Aussprache von der altgriechischen sprechen will. Aber als wissenschaftlich denkenden Philologen und darum als beachtenswerten Gegner kann ich Keinen ansehen, der behauptet oder denkt: es ist wahrscheinlich, dass man durch Vertauschung der griechischen Buchstabenzeichen mit den ihnen äußerlich ähnlichsten lateinischen oder holländischen oder deutschen — zu einer richtigeren Aussprache des Griechischen gelangen kann, als die Abkommen der Griechen sie besitzen.

Die Erasmische Aussprache ist wissenschaftlich überhaupt nicht vorhanden; darum brauchte ich ihre Verteidiger auch nicht wie Männer der Wissenschaft zu behandeln. Nur der unvermeidlichen Form wegen, und weil jene auf unseren hohen Schulen herrscht, muss jedes Buch über griechische Aussprache sich auch mit der Erasmischen beschäftigen. Wahrhaft ersprießlich wird die wissenschaftliche Behandlung der Frage erst dann werden, nachdem man die Erasmische Aussprache beseitigt hat, oder wenn man sie ganz ignorirt.

T h e s e n.

1. Höchster Richter in Fragen der Aussprache ist die lebendige Ueberlieferung.

2. Die Erasmische Aussprache ist erfunden, nicht überliefert. Sie wird im Jahre 1887 359 Jahre alt.

3. Ein plumper Scherz wird durch sein Alter nicht zur Wissenschaft.

4. Die neugriechische Aussprache ist die einzige mündlich überlieferte der gesamten griechischen Welt.

5. Ein Schriftzeichen allein sagt nichts über seine Aussprache.

6. Die Aussprache aller unbestrittenen griechischen Buchstaben beruht nicht auf Erfindung, sondern auf lebendiger Ueberlieferung.

7. Der Satz: jede Sprache ändert ihre Aussprache, ist wissenschaftlich wertlos ohne Hinzufügung eines Zeitraums.

8. Es ist nicht wahrscheinlich, dass die Aussprache in gleichem Zeitraum sich stärker ändert als die Sprache selbst.

9. Die neugriechische Volkssprache hat das Wesentlichste der althellenischen (nicht altattischen) Grammatik und des Wörterschatzes treu bewahrt.

10. Die echten griechischen Ortsnamen zeigen nirgends eine Spur der Erasmischen Aussprache, sind überall den Lauten des Neugriechischen entsprechend.

11. In keinem Dialekt des Neugriechischen findet sich eine Spur der diphthongischen Laute ai, ei, oi, au, eu, welche die Erasmianer für eine Eigentümlichkeit des Altgriechischen halten.

12. Sie gehören in den europäischen Sprachen zu den seltneren; fehlen in den meisten ganz; kommen im Chinesischen und Finnischen häufig vor.

13. Die uns bekannte Schrift der Griechen war zu keiner Zeit eine phonetische.

14. Sie war vor 403 v. Chr. weniger phonetisch als nachher; sie musste es sein bei der grösseren Armut an Zeichen.

15. Die Schrift war schon im 5. und 4. Jahrhundert v. Chr. eine „historische", mit einer mehrhundertjährigen Entwickelung.

16. Sie zeigt die meisten der orthographischen Mängel, welche jeder historischen Schrift anhaften.

17. Die Schrift wurde durch die sogenannte Orthographie-Reform von 403 v. Chr. nicht zu einer phonetischen.

18. Die Erscheinung, dass ein Volk für einen Laut mehrere Zeichen, für ein Zeichen mehrere Laute besitzt, ist nichts Aufsergewöhnliches; sie findet sich bei den alten Völkern so gut wie bei den neuen.

19. Gründe des vermeintlichen „Wohllautes" sind unwissenschaftlich.

20. Die meisten Erasmianer haben nie Altgriechisch aus neugriechischem Munde gehört.

21. Ihre Meinungen über Wohllaut beruhen auf einseitiger Gewöhnung.

22. Neugriechisch wird von denen, die es aus lebendigem Gebrauch kennen, für eine der wohllautendsten Sprachen gehalten.

23. Im Altgriechischen nach neugriechischer Aussprache herrscht der *i*-Laut nicht ungewöhnlich vor.

24. Das *i* in der neugriechischen Aussprache des Altgriechischen ist nicht häufiger als das *i* im Latein, bedeutend seltener als das *e* im Deutschen und als andere Vokale in anderen Sprachen.

25. Die Erasmianer müssen positiv beweisen, dass ihre im Jahre 1528 erfundene Aussprache die richtige oder annähernd richtige der Griechen des 5. Jahrhunderts v. Chr. gewesen.

26. Selbst durch den Nachweis einiger Abweichungen der neugriechischen von der altgriechischen Aussprache würde die Berechtigung der Erasmischen nicht bewiesen sein.

27. Nach der wissenschaftlichen Beseitigung der Erasmischen Aussprache hat nur die lebendige Ueberlieferung der Neugriechen Anspruch auf Einführung in den Unterricht.

28. Diese Einführung ist mit keinen zu grofsen Schwierigkeiten verknüpft.

29. Sie würde eine wesentliche Belebung des griechischen Unterrichts und einen nicht unwesentlichen Nutzen für das praktische Leben haben, letzteren besonders für die künftigen Philologen und Archäologen.

30. Der Schlendrian der Philologen macht die Einführung dieser wie jeder heilsamen Neuerung auf dem Wege wissenschaftlicher oder praktischer Ueberredung unmöglich; sie ist nur durch einen Machtspruch der obersten Schulverwaltung zu erreichen.

An die Herren Kritiker

richte ich die ergebene Bitte, mir von etwaigen Besprechungen
dieser Schrift ein Exemplar zukommen zu lassen. Ich lese keine
philologischen Zeitschriften, würde also sonst der Möglichkeit
beraubt sein, mir die für eine zweite Auflage schätzbare Belehrung
zu verschaffen. — Diese Bitte richte ich noch besonders an die
Herren Kritiker im Auslande. — Namentlich sollen mir gegne-
rische Besprechungen willkommen sein.

Auch wäre ich allen Lesern dankbar für freundliche Unterstützung bei der Vorbereitung einer zweiten Auflage, also für
schriftliche Zustimmungen, Widersprüche, Ergänzungen, Ver-
beispielungen u. s. w. Mir soll alles willkommen sein; auch
solche Einwendungen, die seit 359 Jahren unzählige Male gemacht
worden sind. Die meisten derselben habe ich keiner Erwähnung
für wert gehalten, weil ich sie für garzu töricht oder garzu leicht
widerlegbar hielt. Sollten sie aber in Kritiken oder Zuschriften
dennoch wieder auftauchen, so werde ich ihnen in einer zweiten
Auflage gerecht werden!

Natürlich kann es mir nicht in den Sinn kommen, die Kritik
beeinflussen zu wollen. Ich gebe ihren Vertretern nur dies zu
bedenken: sie mögen etwas vorsichtig sein in der Wahl ihrer
Gegengründe! Einige Proben, die ich in Kritiken meines Buches
„Griechische Frühlingstage" bezüglich des Kapitels über die Aus-
sprache gesehen, haben mir gezeigt, wie leicht es manche der
Herren Philologen mit wissenschaftlicher Beweisführung nehmen.
Ich habe mich für sie in meine Seele hinein geschämt.

Dass einem Manne, welcher sich mit der betreffenden Litteratur ein Halbjahr fast ausschliefslich beschäftigt hat, die meisten der von den Herren Gegnern mit Triumphgeschrei vorgeführten „Gründe" nicht unbekannt geblieben sind, kann sich ein bedächtiger Kritiker allenfalls selber sagen.

Berlin W 62.
Februar 1887.

Dr. Eduard Engel.